JN208733

社会科で「あの戦争」をどう教えるか

～アジアの戦争博物館比較から～

宮原　悟

中部日本教育文化会

はじめに

外交には、「50年ルール」「100年ルール」が暗黙の了解として存在する。つまり、内政と異なって外交は国民だけの問題ではなく相手国があるだけに、それへの配慮ゆえに一定期間につき知る権利を持つ国民に対しても情報開示を見合わせることができるとする暗黙のルールである。けれども、秘匿された外交上の情報も50年・100年も経過すれば時が事態を沈静化させ責任を負うべき当事者もいなくなるので、そのような情報も徐々に開示されていく。「あの戦争」も1945年8月14日に日本が「ポツダム宣言」を受諾して70年以上も経ち、この50年ルールなどによってなされた情報開示により多くの新たなる真実が判明してきた。筆者自身、「あの戦争」について子ども心に興味を持ち始めて50年、これまで文献の研究、戦跡や戦争博物館などの見学、関係者への聞き取り調査などを行ってきた。戦後、GHQの占領下で確立された「あの戦争」への歴史認識による社会科教育を受けてきた筆者にとって、これまでの調査・研究や情報開示による新たな事実の判明などにより、「あの戦争」に対する理解は随分と変化させられてきた。「あの戦争」を正しく理解することは、「国家の威信や国益の尊重」「各国の置かれた国際政治・経済情勢」「教育・思想・歴史・伝統などの文化的相違」「個々人の立場や価値観の相違」などに係わるものだけに難しいとも感じてきた。

ところで、社会科教育の目標をグローバルな視点で捉えた場合、それは国によって大なり小なり異なる面もあろう。けれども、国際法体系の最高法規と考えられる国際連合憲章が求める「国際平和の維持・強化」に参画できる資質を子どもに育成することが肝要であり、そのためには現代社会の起点ともなった「あの戦争」を正しく理解させるべきだという点では、どの国も表現の違いこそあれ目標に大差はないと考える。また、筆者の40年に及ぶ社会科教育への研究・実践の経験から、体験・経験的な学習方法が教育効果の大きいことを実感してきた。「あの戦争」への理解についても、学習指導要領に「博物館や資料館などの施設の活用を図る」とあるように、戦争関連博物館などの見学や調査といった体験・経験的な学習が効果的であろう。ゆえに、それらの博物館や資料館などの施設が、学習指導要領「社会」の目標である「グローバル化する国際社会に主体的に生きる平和で民主的な国家及び社会の形成者として必要な公民としての資質・能力」や「我が国の国土と歴史に対する愛情」を育むための体験・経験的な学習の場として相応しくあってほしい。

以上の問題意識に立脚し、本書は「社会科で〝あの戦争〟をどう教えるか」について考察する。本書は、「社会科で〝あの戦争〟を教えるための基礎・基本」「アジアの主要戦争博物館の紹介と社会科教育から見た課題」「社会科における〝あの戦争〟の指導事例の提案」の三編からなる。第Ⅰ編「社会科で〝あの戦争〟を教えるための基礎・基本」では、「あの戦争」を正しく理解し教えるための参考として、あるいは本書を読み進めるための一助として、「あの戦争」に関する知識や論点についての基礎・基本を提供する。本書の中心をなす第Ⅱ編「アジアの主要戦争博物館の紹介と社会科教育から見た課題」では、「あの戦争」に関係したアジア諸国における代表的戦争博物館を紹介し、社会科教育を意識しつつ各戦争博物館の問題点や課題などについて述べる。各国の主要な戦争博物館の実情を知ることは、社会科教育で「あの戦争」を教えるのに何かと示唆的である。また、そのことは各国の教育や外交などへの姿勢を認識する意味においても有意義であろう。なお、日本が侵略したとされる中国・韓国、日本の軍事侵攻以前から欧米白人諸国の植民地であったフィリピン・シンガポール・ベトナム・インドネシア、独立を保ち中立であったタイという歴史的経緯の相違による三つの分類を意識し、わが国を含め八つの国々の戦争博物館を取り上げ比較対照する。ここで取り上げた戦争博物館の紹介は、文献などによる調査・研究だけでなく、すべて実際に現地を訪問し取材した結果も裏付けとしている。第Ⅲ編「社会科における〝あの戦争〟の指導事例の提案」では、「あの戦争」をどう教えるかついて二つの具体的事例を提案する。「あの戦争」を正しく理解し教えることは難しいことを承知しつつも、その克服の試みとして各々「経済教育」「地域教材」をキーワードとした二つの事例を提案する。

筆者には、未来を担う子どもたちに「あの戦争」を正しく理解させることが、戦争のない社会を形成することにつながるとの思いがある。また、近年よく耳にする「持続可能な社会の形成のための教育（ＥＳＤ）」について、戦争が社会を持続可能でないものにする最大の元凶であるとの思いもある。近年ささやかれる核戦争の脅威を考えれば、それはなおさらである。ゆえに、「あの戦争」は決して忘れ去られていく過去のことではなく、現代社会にとってそれを教えることの意義は人々の想像を超えて大きい。本書が21世紀グローバル社会を担う子どもたちに「あの戦争」をどう教えるかについて多少なりとも参考となり、その実践が平和な国際社会の維持・強化につながれば幸いである。

なお、本稿における「あの戦争」とは、アジア・太平洋を戦場として主に1937年7月の盧溝橋事件から1945年8月15日の終戦までの期間に日本が関わった戦争を言う。一般的には、「あの戦争」とは呼ばず「第二次世界大戦」「太平洋戦争」「アジア・太平洋戦争」「大東亜戦争」などとされる。敢えて「あの戦争」とするのは、これ以外にどの呼び方を採るにしろそれを口にした瞬間に価値観やイデオロギーなどを露呈させ、読者に先入観を与えバイアスのかかった本稿への理解をもたらすことを危惧するからである。

目次

第Ⅰ編「社会科で〝あの戦争〟を教えるための基礎・基本」

本編は二つの章からなる。第1章「社会科で〝あの戦争〟を教えることの意義」では、社会科（地理歴史科、公民科を含む）で「あの戦争」を教えることの意義や重要性について述べる。また、これまで「あの戦争」がどのように教えられてきたかについても述べる。第2章「社会科で〝あの戦争〟をどう教えるかをめぐる論争」では、これまでの歴史教育における教科書問題や歴史認識問題などについての概要を述べる。特に、「慰安婦」「南京虐殺」など、「あの戦争」に関わる諸論争についての基礎的・基本的な考え方の一端を紹介する。

本編は、「あの戦争」を正しく理解し教えるための参考として、あるいは本書を読み進めるための一助として位置付けられる。

第1章　社会科で「あの戦争」を教えることの意義

社会科で「あの戦争」を教えることの意義について、現在の国内外の政治・経済・社会的な仕組みの成立過程やこれからの教育を支える関係者の置かれた状況から述べる。また、社会科でこれまで「あの戦争」がどのように教えられてきたかについても四つの観点から述べる。さらに、現在の日本が「あの戦争」に関連してどのようなグローバル的危機にさらされているかを具体的に述べ、「あの戦争」への確かな教育を通して国民的レヴェルでこの問題に関心を寄せ対処していかなければならないと主張する。

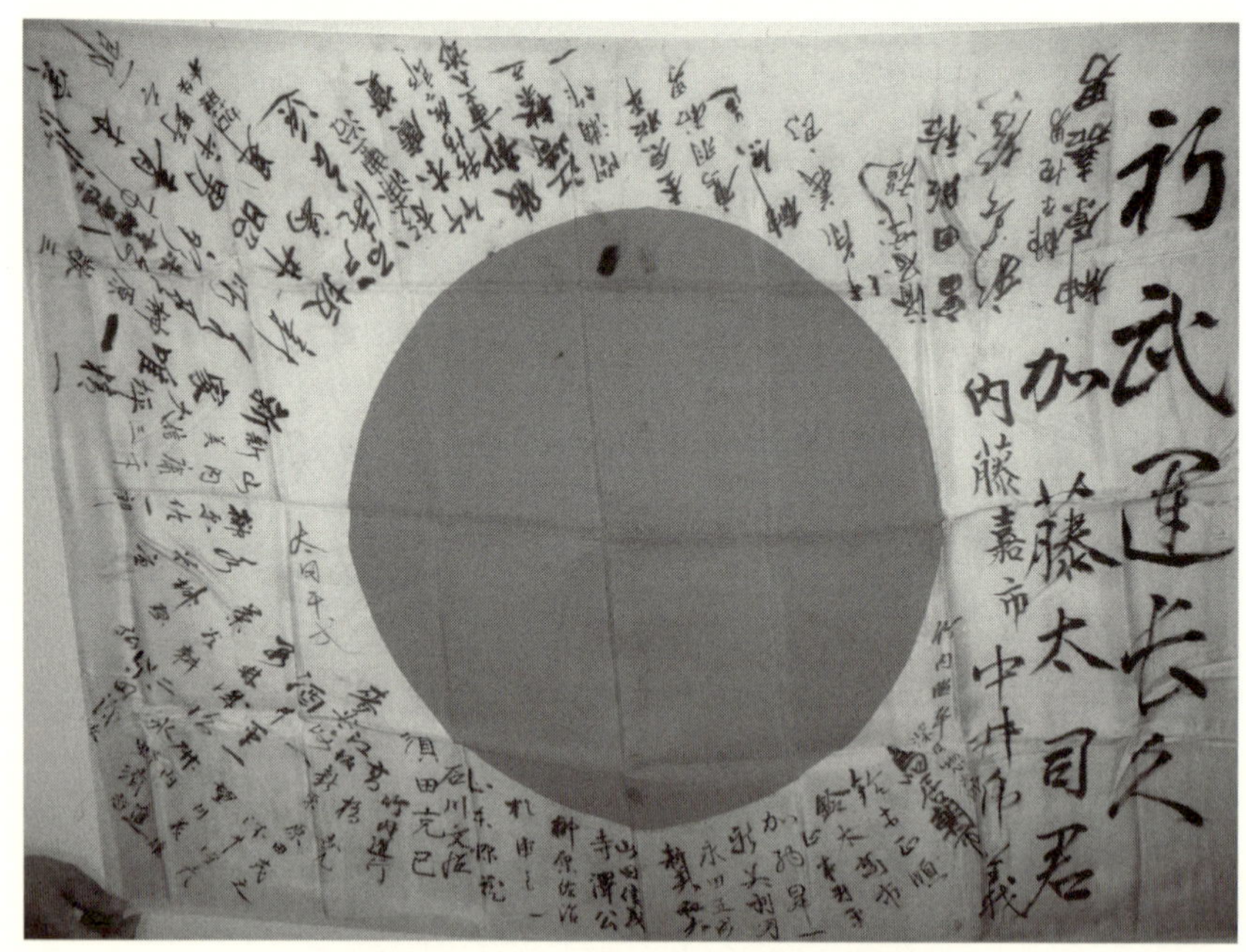

出征兵士が所持し願った武運長久の国旗

第1節　現代社会と「あの戦争」

　現代の政治・経済・国際関係などを理解するためには、「あの戦争」を正しく総括しておくことが不可欠である。戦後日本が参考とした米国社会科が「Social Studies（社会の学習）」と呼ばれることからも理解されるように、社会科の学習対象は「われわれが生活する社会」そのものである。ところで、国内法体系の最高法規である日本国憲法の第9条を取り上げるまでもなく、今日われわれが生活する政治・経済・社会などの仕組みの多くが、「あの戦争」の直接・間接的な教訓や反省の上に築き上げられている。最も重要な国際機関である国際連合の成立過程や国連憲章の精神などからも理解されるように、現代の国際政治・経済・社会などの仕組みもまた同様である。したがって、社会科教育にとって「あの戦争」を中心とした近現代史の教育の充実が不可欠である。ところが、メディアの報道によれば「あの戦争」について日本が米国と戦ったことすら知らない若者が多いという。ゆえに、社会科教育関係者には「あの戦争」の持つ意味や自己の歴史観・価値観への省察と対応が必要となる。「あの戦争」をどう総括するかは、今日の国内・国際社会が抱える課題への考察に直接・間接に多大な影響を及ぼす。これから社会科教育に携わる人は、戦争経験世代が亡くなり直接経験が聞けない時代、戦争は遠い歴史であり実感できない時代に生まれ育ってきたので、なおさら「あの戦争」の重要性について自覚する必要がある。「グローバル化する国際社会に主体的に生きる平和で民主的な国家及び社会の形成者」となるには、「対立」を力でなく話し合いで「合意」に導く資質の育成が肝要である。そのためにも、「あの戦争」について正確かつ深い理解は欠かせない。国内では領土問題（北方領土、竹島問題）や尖閣諸島の現況、沖縄普天間基地移転の問題、北朝鮮による拉致問題などがあり、国外では南北問題、中東和平の問題、核管理の問題などがある。現代社会が抱えるこれらの国内外の諸課題を想起すれば、すべて「あの戦争」への理解なしに社会科が成立しないことは容易に理解できるであろう。

第2節　教育現場におけるこれまでの「あの戦争」の教え方

１９４７年９月に社会科が成立して以来、学校では「あの戦争」を社会科でどのように教えてきたであろうか。もちろん、担当教員の資質や価値観、地域や学校の特色、その時々の国内外の政治・経済・社会的情勢などにより様々であろう。けれども、次の四点においておよそ共通した実態があったのではないか。その一つが、戦後のＧＨＱ占領政策下における東京裁判史観に影響されてきた点である。つまり、「あの戦争」に対して真実を探究し教育するというより、東京裁判の「正義たる連合軍が侵略者たる日本を成敗し、国際平和を取り戻した」とする歴史を教え込む、いわゆるＧＨＱによるWar Guilt Information Program（戦争有罪情報計画）に影響されてきたことである。その二つが、教員のイデオロギーや価値観によって右に左にと翻弄されてきた点である。「南京虐殺の虚実」「慰安婦への軍による強制性の有無」など、歴史認識や歴史教育をめぐる争いは社会科関係者や関係団体を

二分する深刻なものであり、その狭間で歴史教育は揺れ動いてきた。その三つが、受験という現実に支配されてきたことである。教育現場では受験というモーティベーションが圧倒的であり、社会科は受験においてマイナーな選択教科、近現代史は受験での出題の可能性が低いなどの理由で、「あの戦争」をしっかりとは教育してこなかった。その四つが、その時々の国際政治・経済情勢により影響されてきた点である。国際社会における政治・経済的利害の思惑において、取り分け米国や中国・韓国などとのそれにおいて、真実を探究し教えるべき教育がそのような思惑により影響されてきた。

以上の四点から、これまで「あの戦争」については、社会科教育の目指す「社会的事象を公正に判断するための社会に対する見方や考え方」を養うような教え方をしてきたとは言い切れないのである。

第３節　「あの戦争」への教育と日本の現在および将来

２０１４年９月、筆者がオーストラリアのメルボルン市を訪れたとき、韓国系の人々によるシドニー市郊外の町での慰安婦像設置の働きかけに反対する日本人会（ＪＡＣＮ）の方々にその支援を依頼された。周知のように、慰安婦像設置は米国のカリフォルニア州では現実のものとなった。さらには米国内での複数の設置に続き、オーストラリアやヨーロッパへと世界的な広がりを見せ始めている。各国で韓国の特定の政治団体が強力に設置を推進し、それを経済力にものを言わせて中国が各々の国で政治家に働きかけるなどバックアップする図式となっている。これに加え、慰安婦像設置のスローガン

が「女性の人権を守るシンボル」などとされるため、非難の対象とされるわれわれ日本人には設置反対を主張するために相当の知識と努力がいる。つまり、「女性」「人権」は尊重されるべき普遍的な価値観との認識がグローバルに高まりつつあるなか、慰安婦問題に関してはそのスローガンを盾にして不当性や虚偽性が隠蔽されていることを、加害者と言われる側にある日本人が国際社会に向けて論理的・理性的に説得するのは相当に難しい状況となっている。

国際社会における中国や韓国の政治・経済的なプレゼンスの高まりを背景として、慰安婦像の設置に限らず「戦時徴用」「捕虜虐待」など「あの戦争」に関わる日本への時効亡き糾弾が激しさを増している。米国など過剰な弁護士にとって格好の稼ぐ機会となることとも相俟って、将来において日本政府や日本企業などを相手取った「あの戦争」に関連する訴訟の多発が予感される。戦争当事国により締結される講和条約が国際法としてどのような意義やルールを有するかなど、目先の国益や私益のためには平然と無視される。このような集団訴訟が正当とされ敗訴が続けば、巨額な損害賠償請求が日本国民や企業にのしかかると同時に、日本の名誉や信頼も毀損されわが国の存亡にも影響を与えかねない。現実に、中国では三菱マテリアルがこのような訴訟に対し巨額な損害賠償を支払っている。同社が今後の中国とのビジネスを優先し、法に基付く正義を追究するより争いを避けることを選んだためである。この現実がドミノ倒しのように世界に波及すれば、数百兆円にも達する損害賠償支払いの発生や日本への信頼失墜も決して有り得ないことではない。「あの戦争」はすべてわが国に非があ

り謝罪や補償をすべきだという知識の欠如した単純な日本人の「よい子」意識や、ビスマルクが「国家は敗戦によっては滅びない、国民が国家の魂を失ったときに滅びる」と述べているように健全な愛国心の喪失が、国家衰亡を招来するのである。米国やオーストラリアなどでは、慰安婦像の設置に影響された人々から罪なき日本人の子どもたちがいじめを受け登校できない状況がすでに起きている。「あの戦争」について真実をしっかりと教育し、そこから生じる様々な危惧すべき事態に対処できるだけの力を国民に備えるべきことが、戦後70年を過ぎた現在になってあらためて日本人の想像を超えて重要な課題となってきている。近隣諸国条項により社会科において歴史の真実に目を瞑り中韓に配慮した内容の教育をしたり、確証のない元慰安婦らの証言を真に受け時の官房長官河野洋平氏が「河野談話」発表したりするような政府に任せず、国民一人ひとりが教育によって得た「あの戦争」の真実を主体的かつ積極的に世界へ発信していく必要がある。

第2章　社会科で「あの戦争」をどう教えるかをめぐる論争

社会科で「あの戦争」を教えるための基礎的・基本的知識を、主たる論争について紹介・コメントすることで確認する。また、国際問題ともなっている歴史認識および歴史教育のあり方について一提案をする。これまで「あの戦争」の教え方が知識の欠如や偏向に阻害されてきたことを再認識する機会を提供するとともに、歴史認識論争に一石投ずることで多くの批評・批判を惹起し歴史教育の正常化に資することを意図しての主張である。「あの戦争」を教えるためには、まずそれに関心を持ち知識を蓄積し理解を深めることである。

教科書問題で話題となった『新しい歴史教科書』（扶桑社）

第1節　歴史教科書問題と諸外国の歴史教科書

歴史教科書問題は、これまで二つの時期を中心に国内外で取りざたされた。一つは1980年代初めに起きたもので、いわゆる当時の文部省が歴史教科書検定の際、「あの戦争」などに関わって「侵略」を「進出」と書き換えさせたとされるものである。これに対する中国や韓国の反発は激しく外交問題となったが、書き換えさせた事実はなく日本のマスコミによる誤報とわかり沈静化した。もう一つは2000年代初頭に起きたもので、「あの戦争」を含む日本の歴史を美化しているとされる『新しい歴史教科書』（扶桑社）が、文部科学省の教科書検定を通過したことにより起きた。同じく、中国と韓国の反発が激しく外交問題となったが、この教科書を採択した自治体などが極めて少なかったので問題は沈静化した。この二つの時期の教科書問題が大きな要因となり、常に歴史認識や歴史教育のあり方が外交問題となり続けている。

ところで、どの歴史認識が真実であり正しいかは、過去のことであり確かな証拠の入手が困難なこと、時期と場所や人間模様により多様な展開がなされたこと、立場や価値観という色眼鏡を通してしか歴史は見えないこと、外交上の都合で情報が完全かつ正確には公開されていないこと、などのため誰にもわからない。ゆえに歴史教科書問題への判断は難しいが、その本質として次の二つは間違いない事実であろう。一つは、教科書問題とは歴史の真実を求めそれをどう教育するかという本来のあるべき姿の問題というよりも、国際社会において中韓などの各国が外交カードとしてそれを利用している面があるということである。二つは、日本国内の一部マスコミを含む諸団体が教科書問題を外圧として利用し自己の政治的主張を通す手段としていることである。筆者の管見ではあるが、どこの国の歴史教科書も日本のそれなど比較にならないくらい自国史を美化したものになっている。にもかかわらず現在、他国において日本のように歴史教科書問題が外交上深刻化している事例を筆者は寡聞にして知らない。結局、教科書問題は執拗に外交カード化する中韓の存在および日本の一部マスコミや諸団体の政治的主張のための売国的利用などという、他国には見られない日本特有の状況のために起きるのである。

第2節　日本の戦争犯罪への検証と問題提起

（1）　日本の戦争犯罪への検証

今日でも論争や責任の追及の対象となる「①　真珠湾奇襲と侵略行為」「②　植民地支配」「③　南京虐殺など非人道的行為」「④　慰安婦問題」「⑤　戦後補償と謝罪」の五つの観点から、日本の戦争犯罪について簡潔に検証する。

①　真珠湾奇襲と侵略行為

ハーグ陸戦法規やジュネーブ条約など戦争にもルールがあり、その一つが事前に宣戦布告をすることである。１９４１年12月８日の真珠湾攻撃が奇襲とされるのは、日本が攻撃前に宣戦布告を怠ったからである。戦力で圧倒的に劣っていた日本は、相手に迎撃の態勢をとらせないため宣戦布告をなるべく直前に行おうとした。その結果、攻撃一時間前にしたはずの宣戦布告が在米国日本大使館の過失で、攻撃後に米国政府に通達されることとなった。この点は日本側に弁解の余地がない違法行為であるが、少なくとも日本政府として戦時国際法に違反して宣戦布告をせずに不意打ちを食らわす意図のなかったことは理解しておくべきであろう。しかしながら、このことが「リメンバー・パールハーバー」として米国民の怒りを買い、日本は世界から卑怯者呼ばわりされ孤立することになってしまった。

真珠湾奇襲とほぼ同時に、日本は東南アジアへ戦争を拡大していった。日米通商航海条約の破棄やＡＢＣＤ包囲網に象徴されるように、米国による石油や鉄などの対日輸出禁止により日本では多くの餓死者が出ると予測された。したがって、日本は座して餓死を待つか東南アジアに原材料を求めて戦線を開くかの選択を迫られ、自存自衛の行為として戦争を拡大させた。この点は戦後あのマッカーサーですら認めているが、もしも米国があのような経済制裁を行わなかったら、あるいはハル・ノートによって三国同盟の死文化やすべての植民地の放棄を日本に求めなかったら、日本は少なくとも米国との戦争はしなかったであろう。さらに言うなら、ヨーロッパ戦線でドイツに苦戦していたイギリスのチャーチル首相が米国の参戦を望んでいたのであり、それを承知していたＦ・ルーズベルト米国大統領は参戦のための大義名分や米国民の賛同を得られるような状況を必要としていた。そのためには、ドイツと三国軍事同盟を結んでいた日本と開戦することがぜひとも必要であり、しかも米国民の賛同を得るためには最初の一撃を日本にさせることが大切であった。その目的のために妥協の余地のない米国のハル・ノートが日本に突きつけられたのであり、はなから日本の戦争回避のためのたびたびの譲歩が効を奏する可能性はほぼなかった。また、日中戦争が泥沼に陥った原因の一つは、蒋介石の国民党と内戦状態にあった毛沢東の共産党が日本と国民党との戦争をけしかけたことにある。それは、日本との戦争で弱体化した国民党に代わって戦後に毛沢東の共産党が実権を握るためであり、共産主義拡大や満州権益を争う日本の衰退を望んだソ連主導の国際共産主義組織コミンテルンが毛沢東を背後で操ったためでもある。このような日本包囲網で利害の一致する国際情勢に抗しきれず、結果として違法行為となってしまった奇襲が行われたのであるが、奇襲という卑怯な行為が欧米中ソの反平和的な国益優先の思惑を覆い隠してしまったのである。

日本の他国に対する侵略行為として弁解の余地のない非道な行為は、豊臣秀吉の朝鮮出兵だと考えられる。非は非として隣国に対する贖罪意識は持つべきであるが、1000年以上の歴史を持つ国が一度も他国を侵略したことのない例を探すのは大変であろう。その朝鮮ですら、13世紀末には元と連合して日本を侵略（元寇）し多くの犠牲を出している。

②　植民地支配

植民地は「本国の乳牛」と言われるように、植民地を支配する本国に富という栄養を与えるため労働力や原材料の供給地および製品市場として過酷な支配を受けてきた。この植民地支配は、15世紀末のコロンブスやヴァスコダガマに代表される大航海時代以来、ヨーロッパ列強によりアジア・アフリカなど世界中に対し競って行われた。その行き着くところが19世紀末の帝国主義的侵略の時代であり、その破局的結末が日本を含む欧米列強の植民地獲得競争である二つの世界大戦であった。

日本については、1895年の下関条約で台湾、1910年の韓国併合で朝鮮半島、そして積極的軍事行動により満州などに権益を拡大していった。これらの日本の権益拡大が、歴史に残る蛮行としての侵略および植民地支配とみなされている。ところで、台湾および朝鮮半島の日本による統治は本当に植民地支配なのであろうか。日本に野心があったことは否定できないが、日清戦争終結のための講和条約や朝鮮半島を取り巻く国際情勢などのため、いずれの地も日本統治は両国政府により正式に締結された条約によるものではないのか。例えば台湾を日本の植民地とするなら、カリフォルニア・アリゾナ・ユタ州など米国南部の諸州は米国の植民地とするべきである。台湾は日清戦争による下関条約で清国から割譲され、米国南部諸州は米墨戦争でメキシコから割譲された地だからである。その違いは、前者が「あの戦争」に敗れ放棄したのに対して、後者は戦争に負けることなくいまだに所有し続けていることである。けれども、誰も南部諸州を米国が植民地支配しているとは考えない。満州については、当時は女真族の支配する地であり中国の領土ではなかった。百歩譲って日本が満州を植民地支配したとしても、中国に対して侵略し植民地支配したことにはならない。かつて日本が統治していた満州の地を、その後の中国が領土に編入することになっただけである。以上より、国際法や当時の国際情勢から判断して、日本の侵略や植民地支配の有無について疑義が持たれる。

さて、日本が侵略や植民地支配をしたと仮定してその実態を冷静に検討したい。確かに、この間において日本にも非がありこれらの国や地域に多大な迷惑をかけたことは事実である。ところで、他の欧米諸国と比較した場合に、日本の侵略・植民地支配の蛮行の程度はどのようであろうか。まずは、その支配期間の長短であるが、欧米は数世紀に及ぶものであり、日本のそれは１８９５年から１９４５年までの50年間である。支配領域の面積であるが、日本の植民地と比較すれば欧米列強のそれはすべて広く、イギリスやフランスにいたっては日本の数十倍もの面積の領域を支配した。また、支配の過酷さにおいては、植民地から富を搾り取った欧米と比較して、日本は植民地を支配というより新たなる県の増加として併合していった。だから、植民地に対して他の県と同様に国家財政によりダム・港・鉄道・道路などの産業や生活基盤としてのインフラを整え、政治・経済・社会体制など基本的に本国と同様に整えた。欧米の植民地支配の収支決算は大幅な黒字であったのに対し、日本のそれは赤字であった。だから、欧米列強に支配され富を吸い尽くされた国々は現在すべて開発途上国であり、日本に支配された国や地域はその時代のインフラや諸体制をステップとしてほとんどが先進地域となっている。けれどもこの点の指摘は今日タブーとされ、統治地域が趨勢として受け入れた本国と同等の政治・経済・社会的取り扱いが、「強制連行」「日本語や神道の強要」「創氏改名」など日本の残虐な支配の象徴とされる。たとえ、日本支配の時代の経済発展や安定によりこの間の台湾や朝鮮半島での人口が倍増してもである。なお、過去および現在において中国やソ連（ロシア）の周辺諸国に対する侵略や支配については、改めて述べるまでもないほど違法かつ残酷なものである。

③ 南京虐殺など非人道的行為

徴兵は基本的に健康状況を判断基準として行われるので、今風に言えば健康であれば粗暴者も暴力団も入隊した。したがって、戦場という死と隣り合わせの状況において、少数の理性を失った柄の悪い兵士が軍規違反を犯して非人道的行為を働いたのは想像に難くない。また、精神主義ゆえの暴力による制裁や物資に恵まれないための過酷な捕虜や労働者の取り扱いもあった。戦争という究極的な状況のなかで、民間人を便衣兵（民間人に化けた兵士）と判断ミスし処罰することもあった。以上のことはあったとしても、民間人に対する軍隊の組織的・確信犯的行為による犠牲者は、南京虐殺と呼ばれる事件においても巷間言われる30万人の何十分の一にも満たないであろう。南京虐殺があったとしても、世界史にその名を残すほど際立った極悪非道の出来事でもなく、あえて言うなら南京攻略までの道のりは日中双方ともに多くの犠牲者を出す激戦だったということである。米国の空襲や原爆による100万人以上の民間人虐殺、ソ連のスターリンによる1000万人とも言われる粛清、ドイツのナチスによる数百万人のユダヤ人虐殺、中国のチベットやウイグルでの100万人近い虐殺、英仏の植民地支配による数千万人単位ではおぼつかない犠牲など考えれば、日本だけが南京を例として虐殺国家として世界から批判される理由はない。捕虜虐待、生物・化学兵器の実験や使用、略奪・暴行・

放火・殺人などの非人道的行為についても、これまで行ってきたすべてが明らかになれば、欧米中ソなどいずれの国も日本を上回る非道さに違いない。このようなことは、お互いに相手国の非を針小棒大に叫ぶなかで、自国の相対的正当化を図るというのが世界の常識である。戦後、日本は完全にこの情報・宣伝戦に敗北し、世界の汚名を一人で背負ってきた感がある。

④　慰安婦問題

「兵士の行く所、慰安婦あり」というのは、いつの時代でもどこの国でも常識である。また、慰安婦にかぎらず売春は人類最古の商売であり、日本においても昭和31年に売春防止法ができるまでは女性の一つの合法的商行為であった。まず、歴史の評価において犯しがちな過ちでもあるのだが、売春を違法行為であるとする現代の価値基準で過去を評価することは慎むべきである。当時の売春を犯罪だとするならば、貧困に苦しんだ家族などの犠牲としてやむを得ず苦界に身を落とさざるを得なかった女性たちに犯罪者の汚名を着せることになる。だから、慰安婦問題とは日本軍による組織的な慰安婦強制連行があったかどうかである。

慰安婦問題が起きたのは、戦後40年近くも経過した1983年、吉田清治氏による『私の戦争犯罪』の出版が契機となってである。氏を含めた日本軍が、韓国の済州島で女性を強制的に拉致連行し慰安婦にしたという内容である。これが唯一の根拠となって慰安婦は国際問題化し、ついに歴史教科書にも載るようになってしまった。軍が関与し強制的に連行して慰安婦としたなら、歴史的にも特異なケースとして問題視されることもあり得る。その後の詳細な調査により、この吉田清治氏の著書は本人も認めているとおり売名行為を意図した作り話だったのである。これがウソであることは当時韓国社会も認識したところであり、もしこれが事実であれば1965年の日韓基本条約において当然のこと賠償問題として遡上にのせていたはずである。この条約においてより多くの賠償金を獲得しようとした韓国は、事細かに戦時中のことを調べ要求したものである。ならば、このような大きな出来事があれば見逃すはずはないが、その条約締結時に一切出てこなかったのはそれがウソである証拠となる。吉田氏のウソを垂れ流した朝日新聞もその非を認め、軍が関与しての強制連行の証拠は何一つ発見されていない現在でも、格好の外交カードを手に入れた韓国は大いに利用し、朴大統領などの執拗な謝罪・補償の要求や第三国での慰安婦像設置の運動により日本を貶めている。これが、国際社会における国益を追求する外交というものである。外交とは、正しさを追求することでなく国益を追求することなのである。なお、ドイツの敗北によるベルリン陥落時に、ベルリンの女性の半数がソ連兵に強姦されたと言われている。そのため、生まれてきてしまった多くのソ連兵の子どもへの対応に困ったことは有名な話である。日本はそのような人間の本能がなせる悪行を避けるため、軍医による性病管理すらしつつ慰安婦制度を利用した。だから、南京虐殺においても日本人の子どもが生まれて困ったという話は聞いたことがない。同時に、そのことが南京において万単位の民間人女性が強姦されたという中国の主張の虚構性を証明している。過去に慰安婦という境遇にあった人にはお気の毒ではあるが、慰安婦問題とは歴史に名を残し教科書に載せるような事件や犯罪ではないのである。にもかかわらず、日本政府が軍による慰安婦の強制連行を認めたと理解されるような河野談話を出したことこそが、国家を貶める事件や犯罪なのである。

⑤　戦後補償と謝罪

戦後日本は、北朝鮮を除くすべての国々と戦争終結のための講和条約を締結した。その際、相手国の要求にしたがって可能な限り補償した。また、軍事裁判という不当な裁判であっても、約１０００人もの人々の死刑やその何倍もの人々の懲役を受け入れ罪を償った。このように、日本は歴史に例がないほどきちんと戦後処理をしてきた。それでも日本はきちんと補償も謝罪もしていないという人々は、この事実を知らないか別の意図に操られてそう思い込んでいるのであろう。そのような日本であるが、その後も「アジアの女性のための基金」を設置し元慰安婦であるという人々に２００万円の補償をし、さらに日韓合意により総額10億円の政府補償もした。ちなみに、きちんと補償や謝罪をしたと思われているドイツは、戦後の冷戦構造という特異な国際情勢のなかで日本ほどには補償せずうやむやに終わった部分が多い。ドイツが主にやったことは、ワイツゼッカー大統領やブラント首相の名言や謝罪のパフォーマンスと、遅ればせながらのささやかなユダヤ人虐殺犠牲者に対する補償である。しかも、ユダヤ人虐殺は日本の蛮行と比較することすらおぞましい弁解の余地のない国家犯罪である。

かつて、証拠がなくても元慰安婦であると名乗り上げれば補償の可能性があるとされたインドネシアにおいて、それらの人々を募ったら2万人が申し出たということがあった。慰安婦に限らず、虐待を受けた元捕虜、戦時徴用された元労働者、それらの被害者の遺族などに対して仮に証拠や時効なしに補償を認めたら、世界中から数百万人単位で申し出があるだろう。この補償額は先進国も含むので一人当たりの補償も高額であるため、総額で数百兆円にも達する可能性がある。謝罪や補償をすべきだと主張する人々は、そのために国民一人当たり数百万円もの支出をする覚悟はあるのだろうか。補償は税金からの支出であることは言うまでもないわけで、そのような主張は自分が身銭を切る覚悟があってこそすべきである。また、補償請求相手が旧財閥系の日本企業の場合も多く、その巨額な負担に耐えられる企業はほとんどない。日本経済を支えてきた旧財閥系大企業の破綻は日本経済の滅亡と同義であり、まさに「日本を滅亡させるには大砲やミサイルはいらぬ、戦争犯罪を持ち出すだけでよい」といわれる所以である。

ところで、これらの個人的補償は講和条約による賠償などの支払いをもって請求先が相手国から自国へ移行する。そのような取り決めは、個人的補償のもつれによって国家間の関係改善のプロセスを長引かせることなく、早期に国交を回復し平和を実現するための国際社会の英知なのである。どのようにすることが国際社会にとって現実的かつ実質的かをよく理解する成熟国や理性的人間ほど、今日この点について抑制のきいた言動をとっている。

（２）日本の戦争犯罪に対する問題提起

以上の検証などをもとに、ここでは従来からの日本の戦争犯罪に関する認識に対し問題提起を行う。なお、日本の戦争犯罪と言った場合の戦争とは、日本史におけるすべての対外戦争を対象とする。したがって、相対的比較対象とする諸外国の戦争犯罪についても歴史上のすべての対外戦争を対象とする。なぜなら一時期のみ取り上げ論ずるのは不公平であり、かつ戦争に時効はないとする論調への配慮ゆえである。ただし、これらの戦争のうち中心となるのは１９３９年9月のドイツのポーランド侵攻に始まる第二次世界大戦である。

さて、これまでの歴史において犯した戦争犯罪の重さという点から、日本を含むドイツ・イギリス・フランス・アメリカ・中国・ソ連の七カ国をワースト順に並べたらどのようになると考えるであろうか。筆者がこれまでいろいろな方々に行ってきた意識調査では、１番がドイツで2番が日本となる場合が多い。ときとして、ドイツはきちんと謝罪しているが日本はそうしていないという思い込みにより、日本を1番にする人も結構いる。残りの国々の順位はまちまちで、一定の傾向は見られない。歴史上犯してきた戦争犯罪の重さに順位付けすることは、客観的な物差しがあるわけではないのでイメージでしかできない。けれども、実際に受けた歴史教育にそのイメージ形成が影響されると思われるので、歴史教育のあり方を考察する場合に順位付けには大きな意味合いがあると考える。

前述の検証などから、「これまでの歴史における七カ国の戦争犯罪について比較すれば日本が一番ましである」と筆者は考え問題提起としたい。別の表現をすれば、「日本は悪いが思っているほどには悪くない、他国は思っているよりはるかに悪い」とも提起できる。ここで誤解のないように確認しておきたいのは、「日本は悪くないと言ってはいない」「他国と比較することにより日本を美化する意図はない」ことである。問題提起の意図について戦争犯罪を万引きで例え話をするなら、2回万引きをした日本をそれ以上の回数万引きした国々がその非を攻め立て謝罪や補償を迫る実態や、2回の万引きのうち1回が冤罪であるのに反論もせず黙認している日本の実態をどう見るかということである。なお、日本が確かに犯した1回の万引きについて、責任逃れすることなく反省や謝罪し今後の糧にすることは決してやぶさかではない。

ところで、東京裁判史観や自虐史観という言葉をよく耳にするが、これは勝者である米国連合軍が敗者である日本軍を戦争犯罪で裁いた東京裁判という軍事裁判の判決結果を史実とみなす歴史観のことを言う。軍事裁判は「勝てば官軍」と言われるように、公平な裁判からはほど遠い勝者の敗者に対する一方的な裁きとなる場合が多い。東京裁判もその例外ではなく日本にとって不公平な裁判結果となり、それを史実とみなす東京裁判史観は正しくあるべき日本史をネガティヴに歪曲する。それをGHQ占領下にあったならともかく、いまだに自ら受け入れ史実とみなす歴史観はゆえに自虐史観とも呼ばれる。この東京裁判において、A級戦犯と呼ばれた人々は「平和に対する罪」などの罪状で裁かれた。当時「平和に対する罪」は法的に存在せずこれは事後法による遡及処罰となり、それを禁止する罪刑法定主義すら満たしていない不当な裁判であると言える。したがって、その後に判明した事実に基付いて歴史観や歴史教育を再検討することは当然のことであり、この再検討を歴史修正主義や歴史の美化だとして認めないなら、罪刑法定主義や言論の自由などの民主主義の原則を否定することになる。

第３節　歴史教育および歴史教科書のあり方

「戦後の知識人たちはこぞって中国、韓国に味方し、日本を否定する言動を繰り返したんです。私はこれを〝知識人の良い子合戦〟と呼んでいます。この構図はしつこく続いていて、日本では歴史学といえども、〝事実〟で争うのでなく、〝善悪〟で争おうとする研究がいまだに目につきますね」（『諸君』２００７年2月号、51頁）との文章を目にした。また、ドイツの政治家ビスマルクは、「国家は敗戦によっては滅びない、国民が国家の魂を失ったときに滅びる」と言っている。戦後の歴史教育や教科書問題は、これらの文章のなかにその本質や問題が凝縮されている。

米国では、原爆を戦争の早期終結により犠牲者を少なくするための正統的な行為と学校で教えている。だから、米国国民はそのように認識し、原爆投下の決定を下したトルーマン大統領を、広島・長崎の30万人の民間人を虐殺した人物ではなく、Ｊ・Ｆ・ケネディに続く名大統領とみなしている。韓国では、ソウルの南郊外にある独立記念館において、日本軍に辱めを受け断崖から身を投げる慰安婦として、サイパン島玉砕のとき米兵に追われ断崖から身を投げる日本人女性の映像を利用している。独立記念館は韓国が国家の威信をかけて建造したもので、修学旅行や遠足など歴史教育の中心地となっている。このような他国における歴史教育の例は、枚挙に暇はない。偏向気味だと言われることもある靖国神社の遊就館に見られる靖国史観は、上記の例と比較すればはるかに健全かつ公平である。なお、靖国神社の首相参拝で問題となるA級戦犯の合祀であるが、彼らのしたことが戦争犯罪なら、ヒトラーはもちろんのことトルーマン・スターリン・毛沢東・チャーチルなど皆が戦犯である。また、東条英機らの責任とは、対米戦争開戦という誤った決断によって犠牲とした日本国民に対してである。その日本国民は、自らが選んだ議員を通して国会で全会一致によりA級戦犯の合祀を後押しした。だから、韓中など諸外国が首相の靖国神社参拝をA級戦犯合祀ゆえに問題視することは内政干渉である。

日中戦争が泥沼に陥った原因の一つは、蒋介石の国民党と内戦状態にあった毛沢東の共産党が日本と国民党との戦争をけしかけたことにある。それは、戦後に毛沢東の共産党が実権を握るためであり、共産主義拡大や日本の衰退を望んだソ連のコミンテルンがそれを背後で操った。このことは、後に毛沢東すら暗に認めているように、ほとんど否定できない事実となってきている。戦後70年以上が経過した現在、新たに判明してきた事実に基付いて歴史教育や教科書を修正するのは当然のことである。学習指導要領の社会科にある「わが国の国土や歴史に対する愛情を養う」などの目標からしてもそうであるが、そのような冷静な提案が歴史を美化する動きだと誤解されがちなのは問題である。このような誤解を生む背景としての歴史認識は、国家の発展や国民の幸福にとって望ましいものではないであろう。その点でこれまでの歴史教育関係者の責任は極めて重いが、筆者が本章で述べてきたことは学会や教育現場においてはむしろ未だに少数派や御用学者だと受け止められている。歴史教育および歴史教科書はどうあるべきかについて、日中や日韓での共同研究などの試みが行われている。この試み自体はそれなりに評価されるべきであろうが、そこから共通の歴史認識や歴史教育が生み出されると考えるなら、それはあまりに楽観的かつ情緒的である。その理由は、この問題が国家の威信や国益に係わるものであり歴史の真実を求めそれをどう教育するかの問題ではないという、歩み寄ることが不可能な政治的現実が存在するからである。

同じお菓子を食べても、ある人は美味いと言いある人はまずいという。それはどちらかが嘘を言っているのでなく味覚の相違によるものであると考えれば、そのような意見の対立はあり得るし許容範囲でもあろう。１＋１＝の答えをある人は2と言いある人は3と言ったとき、それは一方が明らかに嘘を言っているがゆえの意見の対立であり看過できない。歴史教育に携る者には、せめて１＋１＝３などという明らかな嘘は言わない良識やコンセンサスが必要である。また、歴史教育は偏狭な愛国心や対立を生むことではなく、国連憲章の目的である「国際平和の維持・強化」の達成に寄与すべきであることについても良識やコンセンサスが必要である。この二つの良識やコンセンサスを視座として、歴史教育および歴史教科書を検証してみることがどの国にとっても大切であろう。お菓子の美味いまずいという類の歴史教育における国家間対立については、「教育は国家主権の行使」であり国家には国民に対する教育の自由と責任があるという国際ルールを前提とすれば、どの国も寛容かつ不干渉であるしかない。

第Ⅱ編「アジアの主要戦争博物館の紹介と社会科教育から見た課題」

本編では、アジア諸国の戦争博物館を八章に及んで紹介する。戦争博物館には設立の趣旨や意図があり、社会科教育にとってその見学や調査は、問題意識や興味・関心を喚起するというメリットもあれば、社会的事象を公正に判断する力の育成を妨げるというデメリットもある。

日本が侵略したとされる中国・韓国、日本の軍事侵攻以前から欧米白人諸国の植民地であったフィリピン・シンガポール・ベトナム・インドネシア、独立を保ち中立であったタイという歴史的経緯の相違を意識し、わが国を含め八つの国々の代表的戦争博物館を取り上げ比較対照する。アジアの戦争博物館の実情を知ることは、博物館の見学や調査によって「あの戦争」を教える意義や留意すべき点など多くの示唆を与えてくれる。

第3章　中国の戦争博物館
―侵華日軍南京大屠殺遇難同胞紀念館―

本章では、中国の南京市にある「侵華日軍南京大屠殺遇難同胞紀念館」を取り上げる。この戦争博物館は、日本の侵略で多大な被害を受けた中国にとってその象徴的事件である南京大虐殺を後世に伝えるために設立された。

南京事件当時は死体累々であった揚子江の下関（シャーカン）付近の河岸

第1節　日本・中国関係史の概略

（1）　前近代の日本・中国関係史

日本と中国との関係は、中国の歴史書『漢書地理志』の「楽浪海中に倭人有り、分かれて百余国を為す。歳時を以って来り献見すと云ふ」に見られるように、今から2000年余り前より始まる。7世紀に入り遣隋使や遣唐使を派遣し隋や唐の文物や制度を受け入れることで、日本は律令体制を成立・発展させることができた。894年の菅原道真による遣唐使廃止後、日本と中国との国交は途絶えたが商人の行き来は行われた。その後、13世紀末の元寇という中国大陸からの日本への侵略もあったが、それを挟んで平氏政権による日宋貿易、足利政権による明との勘合貿易など通商は活発であり、中国の存在が日本の文化や経済に大きな影響を及ぼした。16世紀末、豊臣秀吉が明の征服を目的に朝鮮出兵を行うなどしたが、江戸時代の鎖国の時代であっても中国との通商は許された。17世紀中ごろ、中国で明が清となってからも貿易は活発であり、同じく貿易が許されていたオランダよりもその額は多かった。この間、朱子学や南画など中国の文化的影響も大きかった。

（2）　近現代の日本・中国関係史

幕末開国後、明治維新や富国強兵政策により近代化した日本は、1871年に清国と日清修好条規という対等の条約を締結した。また、清国が英仏などの対外的圧力や太平天国の乱など国内の混乱に苦しみ弱体化するなか、日本は近代化の道を着々と進め欧米列強と比肩する経済力や軍事力を蓄積するようになった。この日中間のパワーバランスの変化によって、日本は欧米列強とのアジアをめぐる植民地獲得争いに外交方針を転換させた。

台湾に漂着した琉球漁民殺害事件に対する台湾への出兵、琉球に対し清との朝貢を廃止させその後沖縄県とする琉球処分、日清戦争とその後の下関条約による台湾獲得など、日本は着々と行動した。１８９６年の日清通商航海条約では、領事裁判権・最恵国待遇・租界の設置など様々な経済的権利を獲得し中国進出の足場を築くことができた。日清戦争による清国弱体化の露呈を契機として列強による中国分割競争が激化したため、１９００年に「扶清滅洋」を唱えた義和団による排外運動が起きた。列強による連合軍はこれを鎮圧し清との間で北京議定書を結んだが、中心的役割をはたした日本はこれを機会に中国での権益を強く意識するようになった。その後、日本とロシアは満州・朝鮮での権益をめぐって対立し日露戦争を勃発させた。これに勝利した日本は、ポーツマス条約で遼東半島の租借権や南満州鉄道の諸権利を獲得し大陸進出の拠点を確立していった。取り分け、鉄道・鉱山・工場などへの資本投下を通じて南満州への権益独占を図り、清国や国際社会との軋轢を高めた。他方、女真族による清朝の専制や異民族支配に反対する孫文らは辛亥革命を起こし清朝打倒と中華民国成立を成功させたが、その背景には革命の母胎である中国革命同盟会を東京で成立させるなど日本の支援もあった。

１９１４年、第一次世界大戦が勃発すると、日英同盟により日本もドイツに宣戦布告し中国におけるドイツ租借地である青島などを攻略した。また、大戦による中国での列強の空白をつき対華21カ条の要求を突き付け、中国から多くの権益を獲得したが日中対立は深まっていった。第一次大戦終結のためのヴェルサイユ講和会議で、日本が取得した山東半島におけるドイツ権益の返還という中国政府の要求が無視されると、五・四運動と呼ばれる激しい反日運動が全国的に展開された。大戦後の国際協調の時代には、ワシントン会議での九カ国条約で中国の主権尊重・領土尊重・機会均等が約束されると、日本の進出は抑制されることとなった。

けれども、大戦を契機に発展する日本の紡績業は盛んに中国に進出し、中国紡績業を圧迫するとともに各地の日本工場で賃上げ要求などのストライキを勃発させ反日運動を激化させた。孫文の遺志を継いだ蒋介石が国民革命軍を率いて全国統一のため北伐を開始すると、北部軍閥の張作霖擁護や日本人居留民保護のため北伐阻止をすべく日本は山東出兵を行い、日中両軍が衝突する済南事件が起きた。その後も国民革命軍による北伐の勢いは止まらず、北京に入城し国民党による中国全土の統一がなされた。日本は中国北部を支配すべく利用していた張作霖を爆死させ、それを口実に軍事行動によって満州支配を企てたが日本の国内事情により失敗した。

日本国内では、1923年の関東大震災および29年の世界恐慌の影響によって倒産・失業が続発した。このような経済的・社会的混乱のなか軍部が台頭した日本は、この事態の打開策を中国大陸への進出に求めた。1931年9月には南満州鉄道爆破事件（柳条湖事件）が起き、これを中国軍によるものとした日本は軍事行動を開始し満州事変となった。ついに満州の主要地域を占領した日本は、清朝最後の皇帝溥儀を傀儡として担ぎ出しこの地に満州国を建国した。中国の国際連盟への提訴によりリットン調査団が派遣され、連盟がその調査報告に基付いて日本に撤兵を求めた。そのため日本は連盟を脱退し、国際協調の枠組みからはずれて独自に満州への支配を強めていった。塘沽停戦協定により日本の軍事行動が一時終息すると、蒋介石の国民党と毛沢東の中国共産党とが激しい内戦を再開した。日本が満州での経済的基盤を強化していくと、抗日運動は激化し内戦は停止され国共合作が成立した。日本人へのテロ続発や日本人虐殺（通州事件）などもあり、北京郊外での盧溝橋事件を発端に日中は全面戦争へと突入していった。そして、１９３７年12月、首都南京占領時に30万人が日本軍によって虐殺されたとする南京事件が起きた。また、重慶などの都市に日本軍による爆撃もなされ多くの犠牲者がでた。１９４５年８月に日本が降伏するまで日中戦争は続き、多大な犠牲と損失がもたらされた。

戦後、蒋介石の国民党との内戦に勝利した中国共産党の毛沢東は、１９４９年に中華人民共和国を成立させ、台湾に逃げ込んだ蒋介石は国民政府を成立させた。１９７２年の日中共同声明により両国は国交を回復し、１９７８年の日中平和友好条約により平和条約が締結された。共同声明において、中国は対日戦争賠償請求権放棄を宣言し、日本は中華人民共和国を中国唯一の政府と認めた。それ以後、日本は自発的に巨額のＯＤＡを実施し中国経済の発展に寄与したが、台湾との国交は断絶することとなった。今日、尖閣諸島領有権や靖国神社参拝をめぐる政治的問題は多々あるが、経済的には利害の一致による両国の戦略的互恵関係が保たれている。

(3) 日本・中国関係史のエッセンスと視点 ―南京大虐殺30万人は事実か―

歴史認識問題は、良好な日中関係の構築にとって常に最大の障害となる。多様な歴史認識問題のなかでも南京虐殺30万人の真偽は重要であり、それを本稿での日中関係史のエッセンスおよび視点としたい。１９３７年12月から翌年２月にかけた日本軍による南京占領期に、殺人・放火・略奪・強姦などで数十万の南京市民や捕虜が殺害されたと判決した東京裁判により、南京虐殺が世に知られるところとなった。南京虐殺をめぐっては、専門家の間で主に「虐殺肯定派」「虐殺否定派」「中間派」に分かれる。「虐殺肯定派」とは、30万人の虐殺は真実だと考える人々である。「虐殺否定派」とは、南京虐殺などなかったと考える人々である。「中間派」とは、ある程度の人数の虐殺はあったが歴史に残るような30万人ものそれはなかったと考える人々である。東京裁判以降ほとんど意識されなかったこの問題は、本多勝一氏の『南京への道』（朝日新聞社　１９８９年）などによって再び歴史認識論争の俎上にのることとなった。

南京虐殺について、30万人と言われる虐殺の人数の真偽を明らかにすることは極めて重要である。なぜなら、その人数が歴史に残り歴史教科書にも掲載すべき事件か、戦争ならいつでもどこでも起こりうる事件のうちの一つなのかを決めるからである。「虐殺肯定派」「虐殺否定派」「中間派」のいずれの説に立つとしても、以下の三点について先入観を持たず謙虚に検証してみる必要がある。その一つは、「南京虐殺30万人」について定義の曖昧さに根本的な問題があるのではないかということである。例えば、「南京虐殺」と言った場合に南京市内だけなのかその郊外も含むのか、含むならどの地域までがそれなのか、虐殺の対象が民間人・捕虜・兵士などのうちどこまでを含むのか、虐殺とはどのような殺され方をしたものなのかなどである。自説の正当性を主張するために、これらの定義が恣意的に用いられているように思える。その二つは、虚偽の情報に踊らされていないかということである。虚偽の情報がもたらされる原因には、証言を疑いなく受け止め証人の背後にあるものを見ようとしないこと、情報には当該国の国益による管制情報が含まれてきたこと、遺

南京市中華門周辺では日中両軍が激戦を展開し多くの戦死者（虐殺死ではない）を出した

体を処理したと言われる崇善堂の実態に代表されるように明らかな虚偽が含まれていることなどであろう。その三つは、国際法に依拠した法治主義的な判断が冷静になされているかということである。依拠すべき主たる国際法は、交戦国や交戦者が遵守すべき戦争のルールを規定する「ハーグ陸戦法規（1899年）」、捕虜の扱いについて規定する「ジュネーブ条約（1864年）」などの戦時国際法である。揚子江流域などでの犠牲を戦犯の処刑とするのか虐殺とするのかだけで虐殺数に万単位の相違が生ずるが、その判断は戦時国際法などにおける捕虜の定義いかんである。

第2節 侵華日軍南京大屠殺遇難同胞紀念館の概要と特徴

（1） 侵華日軍南京大屠殺遇難同胞紀念館の概要

本紀念館は中国南京市水西門大街18号にあり、大虐殺跡地の一つと言われる江東門地区における犠牲者の集団埋葬地の上に建設された。1985年に中国共産党江蘇省委員会と江蘇省政府により完成オープンされ、2007年にリニューアルされて今日に至る。設立時には経済的余裕のなかった中国に対し、当時の日本社会党委員長であった田辺誠氏の働きかけで日本労働組合総評議会より援助がなされ完成できた。また、紀念館の設計も日本人が手がけたと言われる。2007年のリニューアルでは、経済的に豊かとなった中国は70億円もの経費をかけて質量ともに拡充を図った。現在、4.7haの敷地に23万㎡の建物という威容を誇るものとなっており、世界遺産への登録を目指している。また、国内外から200万人もが毎年ここを訪問している。

紀念館は、モニュメントや石碑などのある庭園、虐殺された2,000体を越す人骨が発掘・展示される万人坑、虐殺に関わる膨大な資料が展示される資料館などから構成されている。展示の中心をなすのは資料館であり、主に「主要陳列ホール」「テーマ陳列ホール」からなる。紀念館のH.P.(http://www.nj1937.org/)の解説から引用すれば、「主要陳列ホール」は「南京陥落前の中国情勢」「日本軍上海から南京へ攻める」「日本軍の南京侵入と中国軍の南京攻防戦」「日本軍による南京での大虐殺」「日本軍による南京での強姦と略奪」「日本軍による南京での放火と破壊」「安全区は安全ではなかった」「日本軍による死体の損壊隠滅と慈善団体による死体の埋葬」「南京大虐殺を引き起こした日本戦犯に対する審判」「南京大虐殺の歴史的証拠」「前のことを忘れず後世の戒めとなす」の十一の部分などからなる。また、「テーマ陳列ホール」は、「侵華日本軍の暴行」「刻苦奮闘した14年の抗日戦争」「勝利の降伏受理」「正義の審判」「平和を大切にし未来を切り開く」の五つの部分からなる。資料館での展示物は、主に写真・新聞記事・兵士の所持品・絵画・蝋人形による再現・当事者の証言・ジオラマなどである。また、それぞれの展示物には、基本的に中国語・英語・日本語でキャプションがつけられている。出口付近には、膨大な収集された国内外の関連書籍などが陳列されている。5,000点にも及ぶ資料、圧倒される万人坑の展示の工夫とスケール、感傷に訴える多くの碑・モニュメント・彫刻・レリーフなどが並ぶ庭園など、紀念館は終日かけても充分とは言えない規模を誇っている。

（2）侵華日軍南京大屠殺遇難同胞紀念館の特徴

戦後、中ソ国境紛争に見られるように、中国にとって軍事大国ソ連と国境を接するという脅威が外交において最大の関心事であった。同時に、その脅威という外圧を利用することによって多民族国家中国を一つにまとめることができた。しかしながら、ソ連の弱体化および中ソ外交関係の改善が進行するとともに脅威が消滅し、外圧により国家を一つにまとめるという政策に限界を感じ国家分裂への危機感を持った。その後、冷戦構造が終焉しソ連が解体・消滅したためこの状況は一層顕著となった。他方では、高度経済成長を遂げた隣国日本の台頭が目覚しく、アジアの盟主の地位が日本によって奪われた。中国の外交戦略にとって、アジアにおける唯一の国連安全保障理事会常任理事国としてこの状況は耐え難いものであった。

11ヶ国語で30万人の犠牲者と表示された祈念館の入り口

　このような国内外の事情を背景に、反日感情を利用して多民族国家中国を一つにまとめるために、中国共産党は抗日の歴史を通した愛国主義教育の徹底という政策を選択した。さらには、この政策選択の効果を世界的に拡大することにより、日本の台頭を阻止し日本に代わってアジアの盟主としての地位を確保すべく、国際社会において外交カードとして利用することにした。この反日的愛国主義教育の拠点として、本紀念館は設立され一層の充実が図られることとなった。紀念館のスローガンである「中日友好」は、中国らしい本音と建前の使い分けと言っても過言ではあるまい。また、「世界各国の人民とともに侵略戦争に反対する」との紀念館のスローガンも、チベットやウイグルでの中国の政策を見る限り矛盾している。以上のことを考慮しつつ紀念館の展示の特徴を端的に言えば、反日を目的として「３００、０００人の虐殺は歴史的事実」とするメッセージを国内外に伝えることに徹した施設だということに尽きる。内部はすべて撮影禁止であるが入り口に掲げられた11ヶ国語による「30万人の犠牲」の表示は撮影が禁止されておらず、この表示のみが何の検証も経ず世界に向けて発信されていく。

第３節　侵華日軍南京大屠殺遇難同胞記念館の問題点と課題

（1）侵華日軍南京大屠殺遇難同胞記念館の問題点

結論的に言えば、「３００、０００人の虐殺は歴史的事実」とのメッセージを国内外に伝えることが目的のため、歴史的事象や資料などの真偽を検証せず虚構を平然と展示していることが最大の問題点である。入り口に掲げられた11ヶ国語による「30万人の犠牲」の表示は何の証拠にもならない。12秒に一度水滴の音を聞かせるコーナーがあるが、これは6週間で30万人虐殺したとすれば水滴の音のするたび1人が虐殺されたことを表現したものである。このような展示は単なるイメージ操作に過ぎず、確かな根拠を基に事実を伝える学術的施設に値しないが、なぜか入場者に与えるインパクトは大きい。展示物の中国語・英語・日本語によるキャプションであるが、すべて虐殺を裏付けるかのごとき書かれ方をしている。例えば、日本兵の所持していた鉄兜や日本刀などの展示が虐殺の証明とはなり得ないと思うが、さも虐殺と関連があるかの

南京事件当時は安全区であった地域を中華門より望む

ごときキャプションとなっている。絵画・蝋人形・ジオラマ・レリーフ・モニュメントなどは、どうにでも創作でき史料価値はゼロである。南京虐殺とは無縁な写真や中国宣伝部などの捏造写真だと証明されている写真が、虐殺を裏付ける確かな証拠として相変わらず説得力をもって展示されている。日本刀による百人切り競争で有名な向井敏明少尉と野田毅少尉、３００人切りの田中軍吉大尉など、戦術的にも日本刀の性質からしてもあり得ない嘘が有名な展示であり続けることが本紀念館の虚構性を象徴する。日本軍による2万人に及ぶ強姦についても、目撃証言はほとんどなくどこで誰がいつやったかを突き詰めれば物理的にあり得ない。

創作による「30万人の虐殺は歴史的事実」とするメッセージ性以外に、この紀念館の問題点を以下に三つ述べておきたい。その一つは展示の公平性・真実性に欠けるということである。唐生智将軍の兵士置き去りにしての逃走による混乱が、国際法上の捕虜の定義を曖昧にさせ「空前未曾有の惨事」を引き起こした大きな原因ではないのか。民間人が巻き込まれて殺された原因の最たるものは、国際法違反である軍服を脱ぎ捨てて民間人に化けた中国人便衣兵の存在なのではないか。日本兵による虐殺を展示により伝えるなら、中国兵による済南事件での日本人捕虜１０００人の虐殺、通州事件の数百人に及ぶ日本人民間人の惨殺も展示により伝えるべきではないか。「殺し尽くす」「焼き尽くす」「奪い尽くす」というういわゆる三光作戦について、中国共産党と国民党の内戦や中国軍の同国民すら犠牲にする非道により起きたものが多い事実も伝えるべきではないか。放火のかなりの部分が、日本軍に休息や食料調達の場を与えないために中国軍によって行われたのではないか。安全区に非難した民間人のために運ばれた食料を略奪したのは中国軍人ではなかったか。中国宣伝部によるやらせ写真や民間業者によるポルノ写真の類だと証明された多くの写真が、撤去された3枚を除きいまだに虐殺の確かな証拠として展示されていないか。また、「死体塁々であった揚子江の下関（シャーカン）付近の河岸」という有名な写真で虐殺体と説明されている死体は、上流における激しい戦闘行為による犠牲者が漂流してきたものではないか。万人坑で発掘された人骨は、科学的鑑定に裏付けされた真に日本軍による虐殺体であると断言できるか。収集・展示された書籍は日本のものも多いが、それらのすべてが虐殺肯定派のものであり否定派のそれは意図的に排除されていないか。このように、展示に公平性や真実性を欠くと思われる例には枚挙に暇がない。その二つは虐殺の外国人証言者は本当に中立的だったのかということである。南京虐殺の中心的証人であり難民保護のため設立された安全区の国際委員会委員長ジョン・ラーベの証言は、日本の同盟国ドイツの人であるがゆえに客観公平だとされるが、ジーメンスの社員として中国との武器取引により巨額の利益を上げるため中国に肩入れしたものだと言われる。南京虐殺の有名な立証者で米国人であるジョージ・フィッチやジョン・ベイツ南京大学教授およびオーストラリア人であるティンパーリ記者は、中国共産党より多額の金銭を得て広告塔の役割をはたしたと言われる。実際に中立的証人と評価される米国人のマギー神父は、南京虐殺について立証できていないしそのような証言をしてもいない。その三つは虐殺に関わった人々の証言は信用できるかということである。本多勝一氏の『中国の旅』などに登場する証言者が、実は中国政府により用意された管制的語り部であったことは著者自身も後に認めている。ゆえに、紀念館で紹介される多くの中国人証言者について、その来歴など多面的・多角的な検証を経なければ信用するに値しない。また、動かしがたい確かな証言者として虐殺に係わったとされる日本兵が実名や写真付きで登場する。日本兵自らの証言であるだけに、その信憑性が高く評価され正直かつ誠実な対応だと賞賛もされる。ただ、撫順で戦犯などとして抑留・洗脳され中国共産党の広告塔としての役割を担った日本兵ではないか、本当に虐殺などに関わった日本兵なら硬く口を閉ざし語らないのではないかなど多くの疑問を抱く。もし虐殺に実際携ったとするなら、彼らこそ総司令官松井石根大将の意思や「戦陣訓」に反し日本を貶めた犯罪者であり後世に南京虐殺という問題を引き起こした張本人だとの自覚や贖罪意識を持つべきである。

(2) 侵華日軍南京大屠殺遇難同胞記念館の課題

広辞苑（岩波書店）によれば、博物館とは「古今・東西にわたって考古学資料・美術品・歴史的遺物その他の学術的資料をひろく蒐集保管し、これを組織的に陳列して公衆に展覧する施設」とある。館内撮影禁止ゆえに記憶や記録に限界があるが、筆者の見た限り30万人虐殺の確かな証拠となるような学術的資料は全く見当たらなかった。だから、本紀念館の最大の課題は、博物館としての要件である「学術的資料の蒐集保管および展覧」へと軌道修正を図ることである。その実現なくして、「歴史的事象を公正に判断する能力や態度を育成する」とされる社会科歴史教育の目標に鑑み、当紀念館を歴史教育における体験・経験の場として利用すべきではない。中国が建前でなく本気で紀念館のスローガンである「中日友好」を推進するのであれば博物館に相応しいものへと軌道修正してもらいたいが、そのような選択肢は国際情勢の現況判断からすれば絶望的である。要は、世界の人々が真実と創作を意図的に混同するこの施設を「他山の石」とし、自国の戦争博物館が社会科教育の場として耐え得るものとすることに努めるのが肝要である。また、海外修学旅行先として中国を選択し、その日程に本紀念館訪問を含みこむ日本の学校の存在も問題である。入館者の約3％が日本人であることはこの状況を裏付けている。確かな知識を持たない中・高校生がここを訪問すれば、おそらく自虐的な歴史観に洗脳されて帰国することになろう。この状況は体験・経験を重視する社会科歴史教育とは似て非なるものであり、日本人自らがこれに加担する愚を犯してもらいたくない。

最後に、少なくとも中国にはこの施設の世界遺産登録を迫ることで国連教育科学文化機関（UNESCO）の権威を貶めるようなことをしてほしくない。「お化け屋敷」によってお化けの存在を証明しようとするような愚かな行為を、国連の専門機関たるUNESCOにさせてはならない。ところが、すでに南京虐殺はUNESCOによって世界記憶遺産登録がなされている。真実への科学的検証を最も重視しなければならない教育・科学・文化の専門機関であるにもかかわらずこうであるが、経済大国となった中国マネーは世界の国々や人々の理性や良心をも蝕み始めている。もちろん、当時の日本には領土的野心があり南京という中国領土へ軍事侵攻したことや戦闘行為といえども多数の中国人を殺したのは動かし難い事実であるので、日本にはそのことまで全否定し反省を怠るような品格に欠ける行為をしてほしくない。

【十冊の主要参考文献】

・北村稔『南京事件の探究―その実像をもとめて』文藝春秋、平成13年11月20日
・田中正明『南京事件の総括―虐殺否定の論拠』展転社、平成13年11月25日
・鈴木明『新南京大虐殺のまぼろし』飛鳥新社、平成11年6月3日
・阿羅健一『再検証　南京で本当は何が起こっていたのか』徳間書店、平成19年10月31日
・阿羅健一『南京事件日本人48人の証言』小学館文庫、平成14年1月1日
・東中野修道他『南京事件証拠写真を検証する』草思社、平成17年2月8日
・畝本正巳『真相・南京事件　―ラーベ日記を検証して―』建ぱく社、平成10年11月10日
・笠原十九司『体験者27人が語る南京事件　―虐殺の「その時」とその後の人生―』高文研、平成18年1月15日
・小野賢二他『南京大虐殺を記録した皇軍兵士たち』大月書店、平成8年3月14日
・本多勝一『南京への道』朝日新聞社、１９８９年12月20日

第４章　韓国の戦争博物館　―西大門刑務所歴史館―

本章では、韓国のソウル市内にある「西大門刑務所歴史館」を取り上げる。この戦争関連博物館は、日本帝国主義の過酷な植民地支配とそれに立ち向かった独立運動家の苦難を後世に知らしめるために設立された。

高層ビルが林立するソウル市

第１節　日本・韓国関係史の概略

（１）前近現代の日本・韓国関係史

近年では、植物の遺伝子研究などにより、稲作が朝鮮半島経由で日本に伝わったとする従来の学説は徐々に否定されつつある。しかしながら、日本と韓国との密接な関係は両国の文化遺産に見られる共通性など各種の証拠により紀元前にまで遡ることができる。４世紀には、日本の大和政権が朝鮮半島の高句麗・百済・新羅と戦ったことが好太王碑に記されている。その後、朝鮮半島から渡来人が日本列島に移り住むようになり、彼らが仏教や漢字など様々な文化や技術を日本に伝えたと言われる。

４世紀から続いた高句麗・新羅・百済の朝鮮半島三国時代は、７世紀中ごろ唐と連合を組んだ新羅によって統一されようとしていた。６６３年、仏教を伝えるなど日本と関係の深かった百済を救済するため、日本は唐・新羅連合軍と半島南部の白村江で戦ったが敗れ半島から撤退した。６６８年に唐と連合して高句麗を倒し朝鮮半島を統一した新羅は、10世紀初頭に王建によって建国された高麗に取って代わられた。その高麗も13世紀にはモンゴル帝国に征服され、後にモンゴルから分離した元に服属することになった。そのため１２７４年の元寇（文永の役）では、高麗は元軍と連合を組み日本を侵略する片棒を担がされた。１２８１年には高麗の強い進言により再度の元寇（弘安の役）が行われ、砂漠の民である元が海での戦いが苦手だったため、高麗水軍が前衛に立って日本侵略を積極的に推し進めた。この元寇により、日本は対馬・壱岐や博多などにおいて虐殺や放火のため多大な犠牲を被った。倭寇の撃退で名声を高めた李成桂が、1392年に高麗を倒して李氏朝鮮を起こした。室町時代には、足利義満が倭寇を取り締まり朝鮮の求めに応じて日朝貿易を行うなどしたため両国の関係は改善された。安土桃山時代になると、1592年(文禄)と1598年(慶長)に豊臣秀吉が明の征服という野望を遂げるため、まずは李氏朝鮮が統治していた朝鮮半島を侵略した。最初は優勢であった豊臣軍は、李氏朝鮮に明の援軍や義勇軍が加わっての抵抗に合い、さらには名将李瞬臣の率いた亀甲船による水軍に敗れ撤退した。

この文禄・慶長の役は日本と朝鮮に明も加わっての大戦となり、朝鮮半島は荒廃し多くの犠牲者が出るなどで両国関係は最悪となった。その後、朝鮮は明やそれに代わった清に圧迫さ

豊臣秀吉軍を打ち破った李舜臣の亀甲船

れ苦しめられたが、江戸時代に入った日本との関係は対馬藩の仲裁により回復した。日本は鎖国政策で諸外国を排斥するなか、例外的に朝鮮に対しては徳川将軍が交代する度に朝鮮通信使と呼ばれる祝賀の使節を受け入れた。また、朝鮮の釜山には倭館が設置され両国間での文化交流や貿易も行われた。

（2） 近現代の日本・韓国関係史

幕末の開国および明治維新を経て、日本は富国強兵や殖産興業により急速に発展し欧米列強の仲間入りをした。一方、朝鮮は王朝内部の権力闘争や両班支配および鎖国政策などにより社会は混乱し近代化は遅れた。そのため、日本では武力で朝鮮に開国を迫る征韓論もあったが、１８７５年には江華島事件を契機に日朝修好条規が両国の間で締結された。この条約は日本のみが領事裁判権を有するなど朝鮮にとって不平等なものであり、朝鮮がロシアや清などの支配下に入ると自国の独立が脅かされる日本にとって朝鮮半島に進出する第一歩ともなった。李氏朝鮮内部では、事大主義と呼ばれこれまでのように清朝に服属・依存しようとする勢力、ロシアや新興国日本に依存しようとする勢力により、政治的内乱状態の始まりとなった。朝鮮半島を支配しようとの野心を持つ清朝やロシア・日本に加え、李氏朝鮮内部で抗争する諸勢力が優位な立場になるためこれらの外国諸勢力を引き込むことで事態は複雑な状況を呈した。この国内外を巻き込んでの混乱は、高句麗・新羅・百済の三国時代からの一貫したこの国の歴史の特徴であり、大国に取り巻かれた小国が生き延びるためのやむを得ない対外政策でもあった。

１８９４年４月の甲午農民戦争を機に勃発した日清戦争に勝利した日本は、１９０４年に勃発した日露戦争も優位のうちに終えた。１９０９年にはハルビン郊外で前朝鮮統監の伊藤博文が韓国人の安重根により暗殺される事件も起きたが、このような半島周辺をめぐる情勢により李氏朝鮮は日本の統治下に入ることを選択し、時の李完用首相が日本の寺内正毅統監と１９１０年に日韓併合条約を締結した。日韓併合の初期に統治体制の確立を強力に推し進めようとした日本の武断政治は、この時期に独立運動を頻発させた。第一次世界大戦後のヴェルサイユ体制での民族自決主義が有色人種には認められなかった不満を背景として、１９１９年3月には三・一独立運動が起き官憲による弾圧で多くの犠牲者が出た。そのため日本は武断政治から文治政治へと転換し、また日本統治下でのインフラ整備や両班支配の終焉などにより経済生活も向上したため、独立運動は終戦まで下火となった。日本統治の時代には朝鮮半島において皇民化政策がとられ、神社参拝・宮城遥拝・日本語常用・創氏改名などが行なわれた。また、戦争末期には日本人だけでなく朝鮮の人々に対しても戦時徴用や召集（志願兵から後に徴兵制）が行なわれた。

１９４５年8月15日に日本が敗戦して朝鮮半島から撤退すると朝鮮は、すでに深刻化していた東西冷戦構造を背景として、北は金日成が支配する朝鮮民主主義人民共和国、南は李承晩による大韓民国として分離独立することになった。その後、１９５０年に北の金日成が南侵したため朝鮮戦争が勃発し多くの犠牲と国土荒廃を招いたが、日本は朝鮮戦争による特需をきっかけに高度経済成長へと進むことになった。なお、この戦争は１９５３年7月に休戦協定が結ばれたが、北緯38度線を境とした南北分裂国家の状態が固定されてしまった。１９６５年の日韓基本条約により日本と大韓民国は国交を回復したが、北とは未だに国交回復には至ってない。日韓基本条約により得た多額の経済援助や日本統治時代のインフラ利用および韓国民の努力などにより、韓国は「漢江の奇跡」と呼ばれる経済成長を遂げた。現在では韓国は先進国としての地位を確立し、日韓関係は政治経済的にも密接かつ重要なものとなっている。ただ､慰安婦に代表される日本統治の時代をめぐる問題は､今日の両国関係にとって大きな重荷となっている。

(３)　日本・韓国関係史のエッセンスと視点

天気の良い日には、対馬から朝鮮半島南部を肉眼で見ることができる。日本からこれほど近い韓国であるが、このような韓国が「近くても遠い国」と呼ばれるのは両国の心の距離の遠さゆえである。日韓関係史のエッセンスは、「近くても遠い国」という表現に集約されるように思われる。歴史的に見ても現在および将来においても、日韓両国関係は密接であり重要であることは誰しも認めるところであるが、言い知れぬ心の距離が両国関係に深く影を落とす。両国を隔てる心の距離が生ずる原因を以下の四点に要約し、それらを日韓関係史の視点とする。

その一つは、韓国では家父長の権威により家の秩序を保とうとする儒教思想の影響が大きいことである。中華思想による冊封体制を背景とした儒教思想において、韓国にとっては中国が親であり日本は弟であった。兄に従うべき弟である日本が韓国を支配したという事実は、儒教思想からして韓国にとって耐え難く許しがたい出来事であった。反面、日本の何倍もの期間に及んで韓国を支配してきた中国に対しては、伝統的な事大主義もあり親に従うのは当然とばかり問題視していない。その二つは、極東アジアの政治経済情勢が変化したことである。中韓の政治経済的台頭と日本の相対的地位の低下、朝鮮戦争時より危機感の薄れた北朝鮮の脅威により、韓国の日本に対する見方が変化してきたことである。圧倒的な経済力を持つ日本からの技術・資金援助の必要性や北朝鮮の脅威のため日韓関係を良好に保たなければならなかった状況がこれまでより薄らぎ、日本への配慮が不要になってきたということである。その三つは、韓国と日本の歴史認識のあり方が異なることである。一般的に歴史の認識方法は、文献・資料や考古学調査などによる実証研究に基付く。ところが、韓国では現代の政治経済社会情勢などに影響されて歴史を認識する。つまり、韓国では実証研究による歴史の真実の追究よりも、その時々の政治経済社会情勢から生じた国民感情が優先され歴史が認識されるということである。その四つは、世代交代により体験的・経験的な検証が困難となってきたことである。例えば日本統治の実態の捉え方は、これまでの実際に統治を体験・経験した人の証言から、李承晩以来の戦後反日教育を受けてきた人々が形成する世論へと転換してきたのである。

以上の四点を踏まえ、韓国には中華思想や儒教思想による偏見から解き放たれ、国際法を遵守し真実を実証的に探究する姿勢を望みたい。他方、日本には戦前の対外膨張主義や韓国人蔑視が生み出した歴史の悪しき諸側面の存在を認め、加害者としての傲慢を廃し真実を探究する姿勢を望みたい。これらの冷静な思考・態度を、両国関係史を検証するに必要な視点とする。

第2節　西大門刑務所歴史館の概要と特徴

(1)　西大門刑務所歴史館の概要

西大門刑務所は、1908年に京城監獄開所として設立され、戦後、ソウル刑務所やソウル拘置所などの役割をはたし、1987年に京畿道義王市に移転された。それを契機に、1988年に国家史跡に指定された獄舎や死刑場を中心に西大門刑務所歴史館は再建・開館されたものである。西大門独立公園の中心に赤レンガの壁に囲まれたたずむ立派な西大門刑務所歴史館は、「独立と民主の現場」としての「近現代の韓民族の受難と苦痛を象徴する西大門刑務所」を保存・展示することを目的とした博物館とされる。建物の内部は、入り口正面にある展示館（保安課庁舎）・中央舎を中心に幾つかの獄舎が放射状に配置され、周辺には工作舎・病舎・死刑場・女獄舎などが散置されている。

展示館（保安課庁舎）の1階は「帝国主義の侵略」「刑務所の歴史室」「映像室」からなり、そのうちの主たる「刑務所の歴史室」では「1908年から1987年までの80余年の間に植民権力と独裁政権に立ち向かって自由と平和を取り戻すための数多くの犠牲を払った歴史の現場」として西大門刑務所の変遷や日帝の暴圧的な植民地運用の歴史を紹介している。展示は、写真・文献資料やグラフ・

再現模型およびその各々に付けられたキャプションによる。展示館2階は「民族抵抗室Ⅰ～Ⅲ」であり、1910～1945年の間の日帝から国を取り戻す戦いについて主要事件を中心に紹介している。関連文書類や遺品、新聞記事や写真などが展示され、主要な独立運動やそれに命を捧げて戦った義兵らが紹介されている。「民族抵抗室Ⅱ」の壁には五千枚余りの受刑記録表のプレートがはめ込まれており、収監者の写真・住所・身長・年齢などの情報が記されている。展示館地下室は「地下拷問室」「影映像体験室」からなり、独立運動家への取調べの際に行なわれた拷問の悲惨さや残酷さについて、拷問関連施設や収監者の蝋人形の再現により伝えている。拷問体験者の証言や傷つきながらも万歳（マンセイ）を叫ぶ収監者の創作影像は、

西大門刑務所歴史館の正面

情緒に訴えるものがある。「影映像体験室」では、観覧者が直接主人公になって取り調べを体験しそれが特殊映像で影として映し出される。

中央舎は、「看守事務所」「記録で見る獄中生活」「刑務所の衣食住」の展示からなる。「看守事務所」では、事務所が再現されていたり西大門刑務所運営組織や運営のされ方などが図表などで説明されたりしている。「記録で見る獄中生活」では、収監者の日記や回顧録および獄中から親に宛てた手紙などにより、獄中の生活がいかに過酷であったかを展示している。「刑務所の衣食住」では、衣食住に関わる遺品などの展示により劣悪かつ非衛生的な獄中生活について紹介している。

展示館や中央舎の周辺に散置された施設として、実際の刑務所を再現した「獄舎」、収監者の過酷な労役を展示・説明した「工作舎」などがある。また、「ハンセン病舎」「死刑場」「女獄舎」などや、収監者を獄舎外で運動させる施設であった「隔壁場」や脱獄を監視する「望楼」もある。なお、日帝時代の独立運動と戦後の独裁政権に対する民主化運動への過酷な弾圧を伝える施設とされるが、本施設全体を総じて日帝時代に関連する展示が大半である。

（2）西大門刑務所歴史館の特徴

本施設の特徴は、日本帝国主義の過酷な植民地支配とそれに立ち向かった独立運動家の苦難を後世に知らしめることにある。だから、その特徴が本施設の主張する「全世界に自由と平和の大切さを広く知らせ諭すもの」ではなく、今日の日韓関係に深く影を落とす反日感情を醸成することになる。博物館の要件は「学術的資料の蒐集保管および展覧」であるが、本施設が展覧する資料の多くは学術的とは言えず反日感情を醸成するための創作だと感じられる。その根拠を以下に四つ示すが、その結果この施設の特徴をネガティヴに捉え述べることになる。

その一つは、日帝の過酷な支配を裏付ける実証資料に乏しいことである。西大門刑務所は、李氏朝鮮時代における両班の非両班に対する過酷な差別を改善し、近代法治国家に相応しい刑務所施設とするために建造されたものである。悲惨な獄中生活、過酷な取り調べや拷問、劣悪な労役などは今日の刑務所環境と比較すれば問題は大きいが、日本統治以前の李氏朝鮮時代の劣悪な市民生活や囚人の取り扱いを基準としたらどうであったのか。展示がジオラマや蝋人形などの感情に訴える創作であるがゆえに、あるいは写真についてはキャプションに加える内容如何によって、歴史をどのようにでも理解させることができる。要するに、日本統治開始の前後において刑務所施設の収監状況がどう変化したかを示すことなしに、この施設の過酷な日帝支配という主張は信憑性や説得力を持たない。

その二つは、戦前日本統治の獄苦と戦後民主化弾圧の獄苦とのバランスを欠いていることである。すでに述べたように、本施設は日帝時代の独立運動と戦後の独裁政権に対する民主化運動への過酷な弾圧を伝える施設だと謳う。けれども、1945年8月15日を境とした戦前：戦後の展示の比率は10：1以上と著しくバランスを欠き、大半が日本統治時代のものとなっている。済州島における3万人とも言われる犠牲者を含む戦後の民主化弾圧の犠牲者はむしろ戦前のそれより多く、実態を正しく反映した展示とするなら戦前・戦後の展示の比率は明らかに妥当性を欠く。そこにこの施設の目的が「全世界に自由と平和の大切さを広く知らせ諭す」のではなく、反日のためのプロパガンダだという意図が端的に表れている。なお、戦後の民主化弾圧でさえも日本統治の名残としての組織的・人的な面にその原因を求め、韓国が統治から解放され自由に主権行使が可能となった時代の出来事までも日本に責任ありとしている。

その三つは、刑務所に収監されていた人物の罪状や拷問などを実施したとする官憲や命令系統が明らかになされていないことである。「民族抵抗室Ⅱ」にある五千枚余りの受刑記録表のプレートには罪状が明記されておらず、はたして全員が単なる犯罪人ではなく独立運動に対する不当な被収監者だったのだろうか。悲惨な拷問を行ったとされる官憲は日本人と韓国人どちらであったのか、韓国人だったとしてそれを命令したのは日本人だったのか、あるいは本当に拷問するよう命じられたのか。刑務所を含む諸施設や組織の官吏・官憲は、日本人の数十倍もの韓国人がその職についていた事実からの疑問である。この点を確かな根拠や証拠により明らかにしない限り、日本人が韓国人の独立運動家に過酷な支配を行ったという組織的構造は立証できない。日本統治以前の李氏朝鮮時代において両班が非両班を支配して成り立つ秩序の維持のためにどのような悲惨なことを行ってきたかを知るだけに、その延長や階級特権を奪われた不満のはけ口として自国民同士がお互いに傷つけあっていた可能性を否定できない。

その四つは、「民族抵抗室Ⅰ」で紹介された民族抵抗は本当にすべてが独立運動だったのかということである。1919年の「三・一万歳事件」までは確かに独立運動は盛んであったが、それ以降、日本が武断統治から文治統治に転換したこと、李氏朝鮮時代より日本統治以降の時代のほうが明らかに国民生活は改善されたことなどにより独立運動は下火となった。けれども、日本の敗戦により統治が終わったのではなく、韓国併合以来の独立運動が徐々に盛り上がりついに1945年8月15日に日帝支配を打倒し独立を勝ち得たと歴史を改ざんするためにはその事実は不都合である。だから、1919~1945年の独立運動とされるものは、共産主義運動もそれと仕立て上げているのではないか。それは韓国が資本主義的発展をしたことに反発した共産主義革命であり、日本統治とは直接関係のないことである。資本主義的な経済発展を韓国が望まないのに日本が後押ししたとするなら、共産主義革命も独立運動になるということであろうか。1919年以降の民族抵抗は共産主義運動だけでなく極めて小規模な宗教的・思想的なものまで含めて展示されているが、その意図は上述したように独立のプロセスの改ざんにあると思われる。

以上の点を、本来あるべき博物館としての意義を疑わざるを得ない本施設の特徴としておく。展示の解説書に「歴史を直視」しなければならないとあるが、そうしなければならないのは当該施設の展示に関与する者である。

第３節　西大門刑務所歴史館の問題点と課題

（１）　西大門刑務所歴史館の問題点

西大門刑務所歴史館の問題点は、「本施設の特徴」でネガティヴに述べた四つの点に尽きる。現代では「あの戦争」の真実を直接体験することはできず、教育によってその真実を教え伝えることしかできない。だからこそ、体験的な歴史教育を担う戦争関連博物館は、「あの戦争」を正しく理解させる場として公正かつ客観的でなければならない。その基準からすれば、西大門刑務所歴史館は歴史教育というより反日教育を目的にしているため、歪曲した知識により脚色された教育の名に値しない施設だということである。社会科教育の立場から問題点や課題を述べるには、真実を探究する教育施設としてある程度の基準が保証されていることが前提となる。

韓国の識者は以上の点を本音の部分では充分理解しているが、それを言えない社会体制や雰囲気のため歴史の真実よりも自己保身を優先せざるを得ない。つまり、本音を言った識者が犯罪に問われたり失職したりするのが韓国の現実なのである。このように言論の自由もなく法の支配も機能しない非民主的な社会こそが、実はこの国にとって本当の問題点なのである。

（２）　西大門刑務所歴史館などの課題

韓国が国威をかけて建設し運営する戦争関連博物館には、西大門刑務所歴史館以外に韓国独立記念館と韓国戦争記念館の二か所がある。韓国独立記念館はソウル市の南方約１００㎞にあり、「１９８２

年日本の歴史教科書の韓国歴史の歪曲」を契機に「民族精気の発揚と国民教育の道場」を目的として1987年8月15日に開館された。120万坪の広大な敷地に7つの展示館と付属施設があり、まさに「民族の宿願事業」らしい壮大な博物館である。日本の歴史教科書を意識して建設されただけに、先史時代からを対象とするとされているが、7つのうち6つの展示館が日本支配の過酷さと独立運動の誇り高き展開に割かれている。まず言えるのは、どのようにも脚色可能なジオラマ・絵画・再現模型が多く歴史を実証する展示物は少ないということである。何枚か展示される日本軍による残酷な独立運動家の処刑写真であるが、実際には多くが盗賊・強盗・殺人者など犯罪人への処刑であり死刑執行者や死刑囚の国籍も明らかでない。極めつけは、博物館の出口で上映される慰安婦の断崖絶壁から海へと投身する集団自殺の実写とするビデオである。儒教思想の影響により貞操観念が強い韓国社会において、貞操を犯され世をはかなんだ慰安婦たちが集団投身自殺したと解説される。けれども、実際にはこの映像はサイパン島玉砕時において米兵に追い詰められた日本人女性の集団自殺だと思われる。日本軍による強制連行という慰安婦問題など、すでにその唯一の根拠となった吉田清治氏の著書『私の戦争犯罪』が虚構であったと自他ともに認めたことで存在が否定されたものである。日本からの独立のため組織され戦ったとされる光復軍の存在や実態も、基本的に虚構であり韓国歴史の歪曲である。韓国戦争記念館は威風堂々とソウル市の中心部にあり、パンフレットによれば「先人たちが命を捧げて戦ってきた各種記録と遺物・資料を展示」「戦争の教訓と護国尚武精神を学ぶ生きた教育の場」

「烈士および戦争の英雄の護国偉勲を追慕」を目的としている。特に、「こども博物館」も備えるなど、体験的教育の場であることが強く意識されている。「韓国戦争（朝鮮戦争のこと）」「ベトナム戦争」など、主として戦後に韓国が関わった戦争を中心に展示がなされている。戦後が中心であっても、豊臣秀吉軍を撃退した李舜臣率いる亀甲船の立派な模型（原寸の2.5分の1）は展示されている。ベトナム戦争の展示では、韓国兵のベトコン（南ベトナム解放民族戦線）に対する弱腰と罪のない村人に対する悪辣な虐殺・強姦の事実には微塵も触れられておらず、ジャングルに向けてヘリコプターから勇敢に降り立つ韓国兵の様子の再現模型が室内の大空間を利用して展示されている。パンフレットによれば「ベトナム参戦した韓国軍は、国際的な評価を高めベトナムの人々から公正で親切だとの評判を得た」とされるが、実際には弱者である多数の村人を虐殺したのみならず強姦によって万単位のライダイハン（韓国兵とベトナム女性の混血児）出生と置き去りの問題を引き起こしていた。

朝鮮半島史において独立を妨げた大きな原因が外国勢力を引き込み利用した自国自身の対外政策にあった責任を他国に転嫁したり、韓国軍のベトナム戦争における実態に典型的に見られるように歴史を歪曲したりすることは、西大門刑務所歴史館も含め韓国の戦争関連施設の特徴とも言える。博物館としての要件は「学術的資料の蒐集保管および展覧」であり、社会科歴史教育の目標は「歴史的事象を公正に判断する能力や態度を育成するため」であることをあらためて想起したい。西大門刑務所歴史館などの設立趣旨である民族的誇りの維持が虚構によりなされるなら、その誇りは脆弱でありいつの日か瓦解するであろう。韓国には理性を超えた何ともいえない「恨（ハン）」という感情があり、そこから生ずる国民情緒が国際法や国内法に勝るという、いわゆる「法の支配」が否定される近代民主主義国家として理解し難い現況がある。多くの子どもが訪れる西大門刑務所歴史館などの戦争関連博物館の課題は、この状況を克服し反日から真実へと転換する知性や品格の醸成とその実行にある。

【十冊の主要参考文献】

・『独立と民主の現場　西大門刑務所歴史館』西大門区都市管理公団、２０１４年９月。
・金三雄発行、金文吉翻訳・監修『独立記念館　展示品　要録（日本語版）』独立記念館、２００４年12月
・海野福寿『韓国併合（第16刷）』岩波新書、２００５年６月15日
・黒田勝弘『韓国人の歴史観（第15刷）』文春新書、２０１３年11月５日
・石平『東アジアのトラブルメーカー　韓民族こそ歴史の加害者である（第５刷）』飛鳥新社、２０１６年６月29日
・李榮薫、永島広紀訳『大韓民国の物語　韓国の〝国史〟教科書を書き換えよ』文藝春秋、２００９年３月１日
・勝岡寛次『韓国・中国「歴史教科書」を徹底批判する（第５刷）』小学館文庫、２００５年８月10日

・カーター・Ｊ・エッカート『日本帝国の申し子（第３刷）』草思社、２００４年２月12日
・田中秀雄『朝鮮で聖者と呼ばれた日本人』草思社、２０１０年２月１日
・朴　贊雄『日本統治時代を肯定的に理解する　韓国の一知識人の回想』草思社、２０１０年９月１日

第5章　フィリピンの戦争博物館　―コレヒドール島戦跡―

本章では、フィリピンのマニラ市沖に浮かぶコレヒドール島にある「太平洋戦争記念館」などの戦争関連施設を取り上げる。フィリピンは日米の激しい攻防のなか、日本軍にとって50万人という最多の犠牲者を出した地である。

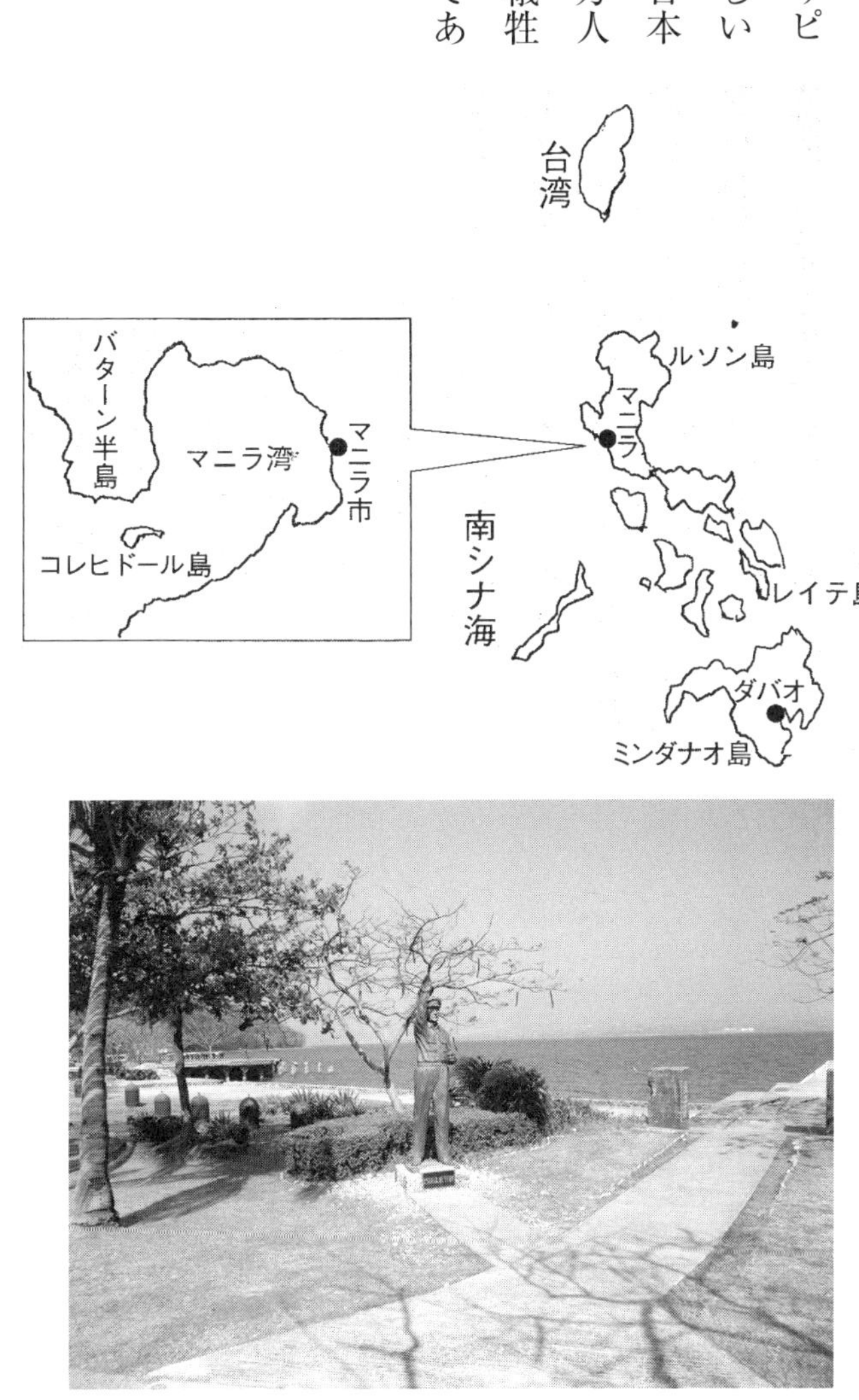

コレヒドール島にあるマッカーサー像

第1節　日本・フィリピン関係史の概略

(1)　前近現代の日本・フィリピン関係史

日本とフィリピンとの関係は、比較的近距離であり黒潮によって繋がれていたので古くから見られた。豊臣秀吉や徳川家康の時代には朱印船などによる貿易が活発化し、東南アジアの地に渡航・移住する日本人が多くなった。東南アジアだけでなくメキシコとの通商も望んだ家康は、マニラとメキシコとを結ぶガレオン貿易を行っていたスペインとの貿易に興味を持ち、1609年に上総（現在の千葉県）に漂着したルソン前総督ドン＝ロドリゴを丁重に保護したことが契機となって、スペインと積極的に貿易を行うようになった。そのためスペイン支配下にあったフィリピンのマニラにも日本人町が形成され、17世紀前半には人口3，000人を有する最大の日本人町となった。日本人町を形成した人々は、朱印船貿易に従事する商人、関が原の戦いで敗れた浪人、バテレン追放令などで日本を追放されたキリスト教徒、日本で差別的取り扱いを受けたハンセン病患者などである。1612年のキリスト教に対する禁教令が翌年全国に及び、キリシタン大名であった高山右近はマニラへと追放されこの地で歓迎を受けた。1624年のスペイン船来航禁止など江戸幕府による一連の鎖国政策が実施されると、日本人の海外渡航や在外日本人の帰国が禁止され、フィリピンとの貿易も途絶え日本人町も衰退・消滅していった。

(2)　近現代の日本・フィリピン関係史

幕末開国後に諸外国と通商関係を持った日本は、１８６８年の日西修好通商航海条約によりスペインとの国交を樹立した。これを契機として、日本はスペインが支配するフィリピンとの外交関係を再び持つようになった。日フィリピン外交関係再開時にフィリピンはスペイン支配下にあったが、１８９８年の米西戦争後に両国が締結したパリ条約によって米国支配へと変わった。その間、フィリピンで起きていた独立を目指した運動や米比戦争に対し、日本は経済的支援をしたり政治的亡命を受け入れたりしていた。そのような日本外交の背景には、日清戦争により台湾・澎湖島を取得するとその先にはフィリピンが見えていたこと、フィリピンを含むアジア諸国の民族運動が独立達成のために富国強兵化してきた日本の支援を期待したことなどがある。

　結局、フィリピンにおけるスペインや米国からの独立運動は挫折してしまった。米西戦争の混乱の

東京の日比谷公園内にあるフィリピン独立の
国民的英雄ホセ・リサール記念碑

なか、１８９８年6月12日に独立を宣言しマロロス共和国を樹立させたアギナルドも、その後の米国による支配の前に挫折していった。その主原因は、米比戦争における多数のフィリピン人虐殺という力の支配と、フィリピン国内で地主などの日和見的有産階級の利益に配慮し植民地支配に協力させる懐柔とによる米国の巧みな支配のためであった。

第一次大戦と前後した時期、南部ミンダナオ島のダバオを中心にマニラ麻産業などで成功した日本人が増加した。また、１９０１年に始まるベンゲット道路工事の労働者として５、０００人余の「ベンゲット移民」と呼ばれる人々や、「からゆきさん」と呼ばれる売春婦など、日本人の出稼ぎ労働者がフィリピンに入り込んだ。第一次大戦によりヨーロッパが後退したアジア市場に綿製品などの日本商品が進出した結果、「あの戦争」の直前には3万人の日本人がフィリピンに居住し、そのうち２万人がダバオに居住していた。

１９４１年12月8日の真珠湾攻撃で「あの戦争」が始まると、米国はこれらの日本人を強制収容した。真珠湾攻撃とほぼ同時に、日本はルソン島のバギオやミンダナオ島のダバオを爆撃し、日本軍によるフィリピン本土への侵攻も始まった。翌年の1月2日には日本軍がマニラを占領し、１５０日の激戦の末、6月にはバターン半島およびコレヒドール島に立て籠もった米軍を降伏させた。そのとき捕虜となった米比軍約7万人に起きた悲劇が、炎天下の徒歩による捕虜の移送で多くの犠牲を出したバターン半島「死の行進」である。米軍のダグラス・マッカーサー司令官は、その年の3月13日にオーストラリアへ脱出し「I shall return」という有名な言葉を発した。また、米国支配下で大統領であったケソンは米国へ亡命しその地で病死した。日本占領下の１９４３年、ホセ・ラウレルが大統領となりフィリピン第二共和国が成立した。

１９４２年６月のミッドウェー海戦を転換点として米軍の反攻が開始され、太平洋における日本の覇権を打破していった。１９４４年10月にフィリピンのレイテ島沖海戦で日本海軍を壊滅させた米軍は、翌年１月にフィリピン本土に上陸し２月の４週間におけるマニラ市街戦で10万人余もの市民を犠牲にしながらフィリピンを奪還した。フィリピンに残された多くの日本兵は、高温多湿な熱帯雨林や山岳地帯を彷徨いながら戦死したり病死や餓死したりした。フィリピン侵攻以来この地での日本人犠牲者数は50万人以上にも及び、犠牲者は中国大陸をはじめとするどの戦場よりも多く、フィリピンに渡った日本人戦争関係者の生還率は20％以下と言われる。

１９４５年９月、米国にあったオスメニアを大統領とする亡命政府もフィリピンに戻った。翌年７月にロハスが大統領となり、トルーマン米国大統領はタイディングス＝マクダフィー法（１９４３年３月）による約束に基付きフィリピンの独立を承認した。戦後の日比国交回復は、１９５６年の日比賠償協定の締結に始まる。日本はフィリピンに対し、１９７６年までに約１９００億円の賠償金を支払うこととされ、それ以外にも巨額の政府開発援助（ＯＡＤ）が戦後補償の意味も込めてなされた。１９６０年には日比友好通商航海条約が調印され、「あの戦争」への記憶が薄れることによる序々なる対日感情の改善もあって、現在ではフィリピンにとって日本が最大の貿易相手国となっている。また、日本からの投資や観光、日本への出稼ぎ労働者からの本国送金など、フィリピンにとって日本は不可欠な経済パートナーとして良好な日フィリピン関係が保たれている。

（3）日本・フィリピン関係史のエッセンスと視点

戦後の良好な両国関係は、日本からの巨額なＯＤＡなどによって過去の忌まわしい戦争体験をフィリピンは水に流し日本はそれを忘却することで成り立ってきたと言われる。日米によるマニラ市街戦は破壊・虐殺・略奪の限りを尽くす悲惨なもので美しいマニラ市は灰燼に帰し、スターリングラード・ケルン・ワルシャワ・ベルリンなどあの戦争を代表する悲惨な都市破壊のひとつにマニラも加わった。また、日米攻防戦に巻き込まれ犠牲となったフィリピン人は１００万人余であった。まずは、現代の良好な日フィリピン関係の陰に隠れた以上の点を認識したい。

日フィリピン関係史の視点として、「侵略・占領した日本軍からフィリピンを米国が解放し平和をもたらした」とする歴史認識の再検討を主張する。日米攻防戦に巻き込まれ犠牲となった１００万人余のフィリピン人の多くは、米国による無差別な空爆・砲撃によるものである。また、独立のための米比戦争時に米国は20万人以上のフィリピン人を虐殺した。日本がフィリピンを占領しフィリピン第二共和国を成立させたとき、ラウレル大統領・アギナルド・リカルテなど政府の要職にあった者の半数以上は日本軍を支持した。それは、日本が米国を降伏させたことによってついに独立を達成できたからである。けれども、物資の強引な現地調達法や軍票乱発によるインフレなど日本の占領政策の失敗が日本からの民心の離反を招いた。また、戦況における米国優位が鮮明になると、米国からの豊富な経済的・軍事的援助がフィリピン人ゲリラなどに提供され、それに多くの人々が生活の糧を見出すようになった。さらに、長年の米国支配のなか英語による公教育やカトリシズムによる宗教教育によって、フィリピン社会は米国依存の経済的・社会的な状況が根付いていた。以上より、米国支配や日本の侵攻・占領がどうのではなく、経済事情を背景として日米の善悪が判断されているのではとの疑問を視点としたい。

第2節　コレヒドール島戦跡の概要と特徴

（1）コレヒドール島戦争関連施設の概要

コレヒドール島はマニラ市の西45㎞に位置し、面積は7.8㎢で西方の南シナ海を頭とし東方のマニラ市を尾とするオタマジャクシ形をしている。コレヒドール島はマニラ湾の入り口に位置するためマニラ市防衛上の要地であり、岩質性の島なので強固な要塞の建設に適していた。よって、スペイン統治時代の19世紀前半からこの島の要塞化が始まり、米国支配の時代の１９２２年にはマリンタ・トンネルと呼ばれる岩山に横穴を空けコンクリートで固めた強固な防空壕ができた。米国にとってコレヒドール島は、米西戦争以来アジア進出の拠点とするフィリピンおよびその中心都市マニラを守るための要地である。日本にとってフィリピンは本国と東南アジア資源供給地を結ぶ要地であり、フィリピンを確保するためには米国の要塞コレヒドール島を陥落させる必要があった。ゆえに、コレヒドール島は日米激戦の中心地の一つとなり、１９４２年５月の日本軍上陸および１９４５年２月の米軍再上陸の際には、日米比軍ともに多くの犠牲者を出すこととなった。特に、米国のコレヒドール島奪還のときには、「草木や動物がひとつも生存せず」と言われるほどの激しい空爆・砲撃があり日本軍守備隊はほぼ全滅した。

コレヒドールは島全体が戦争博物館とも言え、島には記念碑・記念像や砲台および廃墟となった軍事施設など多くの戦争関連施設が点在する。そのなかでも、太平洋戦争記念館とマリンタ・トンネルが主たる見所である。太平洋戦争記念館は、１９６７年に米国政府が３００万ドル投じて建設した小さいながら立派なものである。正面入り口のプレー

コレヒドール島

コレヒドール島全景

トには、太平洋戦争記念館は「太平洋地域に自由と平和を回復させた陸海空の勝利に命を捧げたフィリピンとアメリカの戦士のために建てた」と説明されている。記念館の内部には、写真・遺品・武器・文書など「あの戦争」に関連した多くの資料が展示されている。軍服・軍刀・水筒・銃・千人針など日本軍の遺品や本間雅晴中将とジョナサン・ウェインライト将軍による米軍降伏放送のときの写真など、日本関係の資料も多く展示されている。日米双方の人形による軍服の展示、犠牲になった米兵のネームタッグ、戦艦（大和といわれる）の砲弾、ミズーリ号における降伏文書のコピーなどが主なる展示品である。マリンタ・トンネルは米国が要塞として岩盤の山を繰りぬいて完成させた横穴式のトンネルで

太平洋戦争記念館の正面

あり、長さ２５０メートル、幅７メートルの坑道とそこから延びる24本の横穴からなる。陸軍病院およびマッカーサーの司令本部などに利用され、日本軍が侵攻して来たときにはマッカーサーやケソン比大統領もここに籠城していた。１９４５年2月、米軍が再上陸して来たときには、約４、５００名の日本軍がここに立て籠もり抵抗した。日本軍がトンネルに群がる米兵を吹き飛ばし反撃に出るためここに貯蔵された弾薬を爆破したので、ほとんどの日本兵が生き埋めとなってトンネルと運命をともにした。内部では、「音と光のショー」と呼ばれる演出やジオラマなどによって、観光客にマリンタ・トンネルをめぐる日米攻防の歴史を紹介している。日本軍が侵攻・占領したフィリピンを米軍が奪回する

コレヒドール島の要塞マリンタ・トンネルの出入り口

流れにより、米軍の勇敢な戦いと日本軍の惨敗を浮き彫りにした内容となっている。

コレヒドール島には米軍が要塞であるこの島を守るための砲台や強固な弾薬庫が何箇所かあり、ギアリー・ウェイ・グラブス・クロケット・ハーンなどの砲台が有名である。日本人にとっては日本平和庭園がひとつの見所であろう。立派な鎮魂のための慈母観音像、戦艦武蔵やフィリピン出征兵団などに関わる記念碑、兵士の墓地など、戦後の遺骨収集に始まるフィリピン戦犠牲者への慰霊活動の一端が散りばめられた場所である。この庭園の入り口には、日本政府発行の軍票や250キロ爆弾を抱えた特攻船「震洋」による犠牲者732名についての展示もある。コレヒドール島からは、「死の行進」として歴史に残るバターン半島も北方に見渡せる。

(2)　コレヒドール島戦争関連施設の特徴

コレヒドール島戦争関連施設の特徴は、「あの戦争が侵略・占領した日本軍からフィリピンを米国が解放し平和をもたらした」とする一貫したコンセプトにある。島に渡る高速艇の下船場近くにある誇らしげに右手を上げるマッカーサー像は、それを象徴するかのようである。また、コレヒドール島に渡る高速艇の中で流されるビデオによって、観光客にしっかりとこのコンセプトが教え込まれる。米国資本が投入されているがゆえに、フィリピンに外貨をもたらす一大観光地であると同時に、米国にとって「あの戦争」の正当性を宣伝する地ともなっている。多少なりとも存在する日本関連の施設は、コレヒドールが平和を意図した施設であるとの言い訳の試みか、あるいは戦後の日本とフィリピンの密接な経済関係のなせる業なのだろうか。

第３節　コレヒドール島戦争関連施設の問題点と課題

（１）　コレヒドール島戦争関連施設の問題点

社会科教育から「あの戦争」への理解のための体験・経験の場としてコレヒドール島を捉えた場合、問題点は「あの戦争が侵略・占領した日本軍からフィリピンを米国が解放し平和をもたらした」とするコンセプトにある。フィリピン戦を経験した多くの元日本人兵が語るのは、食料の現地調達のために民間人から略奪同様に食料を取り上げたこと、抗日ゲリラの疑いや恐怖のなかで多数の罪なき民間人を殺したことなどへの贖罪である。これらは弁解できない日本人による非道な行為であるが、そのために命を失ったフィリピン人はそれほど多くない。１００万人余とも言われるフィリピン人戦争犠牲者の多くが米国の激しい砲撃や空爆によるものであり、日本兵によってマニラ市街戦の巻き沿いで殺害されたりゲリラ戦やスパイ容疑によって殺害されたりした人々はそれと比較すれば少ない。コレヒドール島では英雄視され像にもなっているマッカーサー司令官は、部下を置き去りにし自分だけオーストラリアに逃げた卑怯者とも言える。組織のトップが逃亡すると残された部下や戦地は軍規が乱れ国際法が適用されず悲惨であることは、日本軍による南京攻略時に唐生智将軍が逃亡し南京事件が起きた例が証明している。この地でもバターン半島「死の行進」が起きてしまったが、マッカーサーは何の責任も問われず英雄であり、これを日本軍による歴史に残る蛮行だとし本間雅晴中将らは処刑された。だから、マッカーサーの「I shall return」が歴史に残る英雄的発言とは噴飯ものである。

以上より、日本のフィリピン侵攻を正しいなどと主張するつもりは毛頭ないが、ただコレヒドール島に一貫するコンセプトの偏向を問題点として明確に指摘したいだけである。

(2) コレヒドール島戦争関連施設の課題

コレヒドール島に一貫する偏向したコンセプトはこの地に資本を投じたのが米国だからであろうが、歴史を多面的・多角的に捉えより真実かつ公正な施設へと是正することが最大の課題である。ただ、このコレヒドール島の地に日本平和庭園の建設が許されたことは、偏向是正の可能性への第一歩となる。もうひとつの課題は、コレヒドール島がフィリピンの子どもにとって経済的に教育の場として手の届かない存在だということである。コレヒドール島への1日ツアーは、サン・クルーズ社によって高速艇代・島内観光・食事などがセットとされ代金は約5，000円である。マニラ市の道路や公園などに溢れる貧困庶民からすれば、コレヒドール島は子どもの教育の場とは無縁な別世界である。良好な国際関係を未来に担う子どもたちには歴史を体験・経験的に正しく学ぶことが必要であり、何らかの利害を超えた経済的な配慮を望みたい。

【十冊の主要参考文献など】

・早瀬晋三『未完のフィリピン革命と植民地化』山川出版社、２００９年2月20日
・鈴木静夫『物語フィリピンの歴史』中公新書、１９９７年6月15日
・大岡昇平『不慮記・野火』ほるぷ出版、昭和59年8月1日
・山田正巳『ぼくの比島戦記』光人社NF文庫、２００８年10月7日
・阿利莫二『ルソン戦―死の谷』岩波新書、１９８７年6月22日
・NHK「戦争証言」プロジェクト『兵士たちの戦争』全7巻、NHK出版、２００９―２０１２年
・早瀬晋三『戦争の記憶を歩く　東南アジアのいま』岩波書店、２００７年3月9日
・高山正之『白い人が仕掛けた黒い罠―アジアを解放した日本は偉かった』ワック、平成23年8月4日
・星川武他編『決定版　太平洋戦争「比島決戦」フィリピンをめぐる陸海空の死闘』Gakken、２０１０年6月10日
・'Travel Guide to Corregidor Island', Travel in the Philippines International for Department of Tourism, Philippines.

第6章　シンガポールの戦争博物館　―シンガポール国立博物館―

本章では、シンガポールにある国立博物館などを取り上げる。シンガポールは19世紀初頭からイギリスにより植民地支配されていたが、日本軍がシンガポールへ侵攻しイギリス軍を降伏させその地を「昭南島」として占領統治した。

シンガポールから交通の大動脈マラッカ海峡を望む

第１節　日本・シンガポール関係史の概略

（１）日本・シンガポール関係史

シンガポールは19世紀初頭まで未開の地であったが、１８１９年にイギリス東インド会社のラッフルズがこの地に上陸し中継ぎ貿易港として急速に発展させた。マライ半島の南端に位置する日本の淡路島程度の島嶼からなるシンガポールであるが、マラッカ海峡に臨み太平洋とインド洋を結ぶ交通の要地にあることから短期間のうちに貿易・商業都市として発展した。イギリスの移民奨励政策により、港湾・建設やゴム園・錫鉱山での肉体労働者、中継ぎ貿易に携わる商人などとして、中国人・インド人・マライ人、ヨーロッパ人など多くの移民が流入し人口が急増した。その中でも、シンガポール人口の約75％を華僑などの中国系の人々が占めることになった。彼らにとってシンガポールは経済目的の一時的な居住地であり、アイデンティティーとしての意識は常に中国にあった。そのためシンガポールでは１８９５年の日清戦争敗戦によって反日感情が芽生え、このことが日本・シンガポール関係史の本格的な始まりともなった。

シンガポールの約75％を占める中国系の人々は、蓄積した経済力により充実させた学校教育を通して中国に対する愛国心を強固に育てていった。この間中国本土では、１９１５年の対華21か条の要求に対する日本製品ボイコット運動、１９１９年のヴェルサイユ講和条約拒否などを主張する五・四運動というように反日運動が激しく展開されていた。中国への愛国心高揚と本国での日中対立とが相俟って、シンガポールでは激しい抗日救国運動が起きることとなった。1931年に満州事変が勃発すると抗日救国運動は頂点に達し、その中心人物となったのがシンガポールの企業家で大富豪のタン・カーキー（陳嘉庚）であった。当時の中国政府から「南洋華僑の英雄」とも言われたタン・カーキーは、1937年の盧溝橋事件を契機として日中が全面戦争に突入すると、大規模な抗日救国運動を展開し巨額の資金や物資の援助を行った。この運動にシンガポールの中国系の人々はほとんどが関わり、資金援助や抗日義勇軍参加などにより中国を支援した。だから、当時この地はシンガポールでありながら実質的には中国社会だったのである。

1942年2月、日本軍を率いた山下泰文大将がシンガポールを植民地支配していたイギリスの極東軍司令官パーシバル中将を降伏させた。その後、終戦の1945年8月までの3年半の間この地を「昭南島」として日本が占領統治することになった。このとき、東南アジアで強大を誇ったイギリス海軍の代表的戦艦「プリンス・オブ・ウェールズ」「レパルス」が相次いで日本軍の空襲で撃沈される状況は、シンガポールだけでなく白人中心主義だった当時の世界の人々にとって衝撃であった。日本軍にとって侵攻した東南アジアは石油・ゴムなどの産地として生命線となり、それらの中継基地としてシンガポールは決定的に重要であった。イギリス人に代わり支配層となった日本軍は、マライ人を人材登用しインド人にはイギリス支配からの独立を促した。けれども、中国系の人々には厳しく対応し、抗日分子摘発のため多数の人々を殺害したり5、000万ドルの強制献金を課したりした。日本の占領統治の時代には、食料の配給制、学校での日本語教育や皇居遥拝、イスラム教徒にすら強制した昭南神社参拝などが行われ、シンガポール独立後の初代首相リー・クアンユーはイギリスの植民地支配より過酷だと述べた。

終戦後、すべての日本人がシンガポールを去り帰国すると、イギリス統治が復活することとなった。けれども、シンガポールではイギリスや日本の統治を経験したことで独立の機運は高まり、1955年にはイギリスより部分自治を獲得した。さらに、1959年には完全自治に移行し総選挙が行われた結果、人民行動党（PAP）が圧勝して政権につきリー・クアンユーが首相となった。1963年にマレーシア連邦の一州としてイギリスから独立した後、1965年にマレーシア連邦からシンガポール共和国として分離・独立した。

日本は1965年8月にシンガポール共和国を承認し、1966年4月26日に外交関係を樹立した。また、1967年9月には両国の間で戦後の準賠償協定が締結され、日本がシンガポールに29億円余を支払うことで戦後処理について決着した。同年、東南アジア諸国連合（ASEAN）が結成され、世界的な貿易・投資ブームを背景として外国企業を誘致することでシンガポールは目覚しい経済発展を遂げた。特に、日本企業の海外進出と時期が重なったこともあって日本企業の誘致に力を入れ、1970年代になると多くの日本企業や日本人がシンガポールに在住し活動することになった。2002年11月には、日本にとって初の経済連携協定（EPA）がシンガポールとの間で締結され、両国間での貿易や直接投資が活発に行われてきた。現在、シンガポールの一人当たりＧＤＰは日本を遥かに凌ぎ世界でもトップクラスである。一度も政権交代のない人民行動党（ＰＡＰ）によるすこぶる安定した政権が続いていることもあり、２０１６年には国交樹立50年を迎え日本とシンガポールとの関係は経済を中心に良好かつ安定したものとなっている。

（２）日本・シンガポール関係史のエッセンスと視点

日本とシンガポールとの関係史のエッセンスは、以下の二つに要約されるように思われる。その一つは、これまで両国関係が日中関係に大きく影響されてきたということである。その原因は、シンガポール国民の約75％が中国系の人々からなることである。その二つは、戦後のシンガポール経済の発展に日本との経済関係が大きく寄与してきたことである。両国経済関係は１９７０年代から日本企業のシンガポール進出など顕著になり、その後２００２年11月には日本にとって初の経済連携協定（ＥＰＡ）がシンガポールとの間で締結されるなどした。このような貿易や投資による両国の密接かつ良好な経済関係が、日本経済の発展とともにシンガポールに世界有数の豊かさをもたらすことにもつながった。シンガポールでは、「昭南島」として過酷な占領統治をした日本に対して「許そう、しかし忘れない」という表現がある。それは上記の二つのエッセンスが複雑に混じり合った結果であり、それが両国関係史の微妙とも言える視点だと思われる。現在および将来に向けて、シンガポール経済が自立し日本への依存傾向が日本との競合傾向に変化しつつあること、中国の日増しに露骨となる反日政策が人口の75％を中国系が占めるがゆえに影響を及ぼし易いことなども、留意すべき日本・シンガポール関係史の視点である。

第２節　シンガポール国立博物館の概要と特徴

（１）シンガポール国立博物館の概要

国立博物館は、英国ビクトリア女王即位50周年の１８８７年に設立された。現在の施設は３年かけて改修し２００６年に完成したもので、２０１２年には開館１２５周年を祝った。博物館の１階に、主たる施設として「シンガポールの歴史ギャラリー」がある。ここではシンガポールのおよそ７００年の歴史が概観できるよう、主に「７００年前の生活」「イギリスの植民地」「日本の占領」「戦後の奮闘」「今日の楽しきグローバル・シティー」の五つの時代からなる展示がある。各時代の状況や生活の様子などが、諸資料・遺品の展示やビデオ上映およびジオラマなどにより分かりやすく説明されている。２階や地下には特別展示のための小規模なギャラリーが幾つかあり、２階にある「SURVIVING SYONAN（昭南を生きる）」では、日本占領時代（１９４２～１９４５年）におけるシンガポールの人々の暮らしに関する様々な展示がなされている。

「シンガポールの歴史ギャラリー」における「日本の占領」の展示セクションの入り口には、空襲のサイレンや軍靴の音が流され如何にも侵略的な感じを醸し出す雰囲気のなか、東アジアの地図上に

1931年からの日本の赤で塗られた占領地の拡大していく様子がビデオで示されている。そして、1942年にはついにシンガポールも占領され赤く塗られてしまうことになるが、入口で最初に「侵略者日本軍」を印象付けるに充分なインパクトを与えている。奥に入ると、武器や軍服および武運長久の日の丸などが展示されている。レプリカではあるけれども日本軍の戦車とその背後にある銀輪隊の自転車の展示に力を入れているが、当時強大であったイギリス軍を打ち負かした要因として英軍がほとんど所有していなかった戦車の存在と自転車による予想以上の日本軍侵攻のスピードであることからそれは肯ける。日本の侵攻・占領時における貴重な映像がながされているが、山下大将によるジャングルでの作戦会議の様子、イギリス軍の武装解除や降伏にあたって会談場所と

シンガポール国立博物館の正面

なったフォード自動車工場に出向く場面、激しく降伏を迫る山下大将と目をしばたたかせながら弱々しく苦悩するパーシバル司令官など、興味深く印象的な映像が多い。音声なしの映像であるのは残念だが、横の小さいモニターによる映像では日本語(英語はない)で解説を聞くことができる。その横の壁に展示された日英両軍の軍事力比較は参考となり、兵員など数において有利であった英軍が弱体であったのは多くが傭兵であったという指摘は、イギリス軍やイギリス支配の本質などを探るに興味深いものである。

日本軍はシンガポールに対する軍事占領後に抗日分子摘発のため華僑など多数の人々を殺害したが、それについて海岸での殺害現場における女性や乳児の遺品などの展示がある。また、殺害に関連して篠崎護の展示は注目に値する。

日本軍の戦車とその背後に銀輪隊の自転車

当時シンガポールなどで日本政府関係者として活動していた篠崎護はシンガポールの人々に「安居證」を発行し、それによって多くの人々が身の安全を保証され日本による処刑や投獄などの難を免れることができた。ゆえに、篠崎護については「日本のシンドラー」として賞賛された展示となっている。

2階の特設展示「SURVIVING SYONAN」では、日本占領統治時代のシンガポール人の生活について、当時の写真や使用された教科書・通貨などの展示および町や生活の様子の再現模型などによって紹介されている。日本の占領統治の時代には、食料の配給制、学校での日本語教育や皇居遥拝、イスラム教徒にすら強制した昭南神社参拝などが行われ、自由が奪われ食糧難などの過酷な時代であったとの認識が展示に

パーシバルに降伏を迫る山下泰文大将

溢れている。展示の最後のコーナーでは、日本占領下で生きる若いカップルの様子が絵によるスライドショーとして上映され、過酷な生活の中でも健気に逞しく生きるシンガポールの若者の様子を紹介している。

（2）シンガポール国立博物館の特徴

国立博物館は「シンガポールの歴史ギャラリー」の「日本の占領」時代や特別展示の「SURVIVING SYONAN」に見られるように、シンガポールが一時期日本軍による過酷な支配を受けた歴史的事実を伝える施設であることは明白である。そこでの展示には、食料の配給制、学校での日本語教育や皇居遥拝、イスラム教徒にすら強制した昭南神社参拝が行われるなど、日本の占領統治の時代は自由が奪われ食糧難に苦しむなど過酷であったとの強い主張が込められている。

ところで、「日本軍による虐殺」と言えば南京虐殺を想起するが、日本関係者すら認める戦時中の本当の大規模虐殺は南京におけるものではなく、シンガポールでの華僑などに対するそれである。虐殺が戦闘行為の一環か、虐殺による犠牲者数はどれほどかなどの議論はあるが、戦時国際法上違法性の高い虐殺は数千人に及んだ。戦時中の敵対国の悪行については針小棒大に糾弾される傾向があるが、シンガポール国立博物館の展示は日本軍の残虐で違法性が高い割には比較的冷静だと言える。海岸での虐殺現場における女性や乳児の遺品の展示もあるが、後世に伝える意図を大きく逸脱し日本を貶めるようなものではない。学術上ほぼ否定された30万人虐殺を主張する中国の侵華日軍南京大屠殺遇難同胞祈念館、日本軍による虐殺などないのにあったとする韓国の独立記念館と比較して、本施設は日本の残虐さを誇張するものではなく「学術的資料の蒐集や保管および展覧」という博物館本来の目的をほぼ維持している。

つまり、これまで「日本の占領」時代に焦点化して述べてきたが、国立博物館の展示の中心をなす五つの時代全体を通した「シンガポールの歴史ギャラリー」のコンセプトから読み取れる特徴は、今日の豊かな国シンガポール実現への道のりの苦難と努力、素晴らしき現状への実感と賞賛というところであろうか。つまり、取り立てて「あの戦争」における日本の悪行を後世に伝えようとの意図は抑制的だということである。

第3節　シンガポール国立博物館の問題点と課題

(1)　シンガポール国立博物館の問題点

国家を代表する国立博物館としては、随所に学術的な正確さや緻密さに欠ける点がある。まず、「日本の占領」時代の展示の入り口で紹介される、1931年からの日本の東アジアにおける占領地拡大のプロセスを示すビデオである。日本の占領するところとなった赤く塗られた国や地域を日本が本当に軍事占領したのか、台湾や朝鮮半島が日本の統治下に入った経緯や年代に誤りはないかなど、雑なイメージ的ビデオ解説であり見るものに誤解を与える。また、「武運長久」を祈って寄せ書きされた日章旗の展示であるが、当時ほとんどの出征軍人に送られたものの一例に過ぎないのに、その持ち主がさも重要人物であるかの如きキャプションの誤りが気にかかる。日本軍はシンガポールに対する軍事占領後に抗日分子摘発のため多数の人々を殺害したが、当時シンガポールなどで日本政府関係者として活動していた篠崎護は「安居證」を発行し多くの人々を日本軍の処刑から救った。ゆえに、篠崎護は「日本のシンドラー」として賞賛された展示となっているが、占領時シンガポールの人々に５，０００万ドルの過酷な強制献金を課した中心人物などの評価もある。「SURVIVING SYONAN」という特別展示は、誰が何を目的として企画しいつ終了するのか明確でなかった。中国の台頭という国際政治・経済情勢の影響を過度に受け、このような特別展示が頻繁に企画されたり常設となったりすることを危惧する。

（2）シンガポール国立博物館などの課題

近年、シンガポールでも歴史教育が小学校に導入されたり中学校で必修化されたりするなど、歴史教育を通しての愛国教育に力を入れ始めている。国民の75%が中国系の華人であることを背景として、尖閣諸島の問題などで悪化する日中関係によってシンガポール国立博物館が影響され、意図的・偏向的な洗脳の施設とならないことを今後の課題として述べたい。子どもの体験的教育の場として活用される本施設のコンセプトは、少なからず未来の日本シンガポール関係を形成する子どもに影響を与えるからである。問題点でも述べたように、「軍靴の音を背景とした日本の海外侵攻の展開」「武運長久の日の丸の旗」「行状について諸説ある篠崎護」などの展示について、国立の施設に相応しい検証と修正を必要とすることも課題としておきたい。

シンガポールでは、イギリスの立場から設立されたチャンギ（刑務所）博物館やセントサ島のシロソ砦なども体験的教育の場になっている。チャンギ（刑務所）博物館は、日本が占領統治した1942～1945年の期間、日本軍によってチャンギ刑務所に拘禁されたイギリス人などの捕虜や抑留者の悲惨な実態を伝える施設である。セントサ島はかつてブラカンマティ島（死の島）と呼ばれ、今は美しい行楽地であるその海岸には当時日本軍による大量殺りくの犠牲者の遺体が多数漂い、青い海は血で赤く染められていたと言われる場所である。セントサ島にあるシロソ砦は、山下泰文大将がパーシバル司令官に降伏を迫る場面を再現した有名な蝋人形がある。

いずれの施設であれ、日本の占領統治よりイギリスの植民地支配のほうがより加害的で罪深いという事実を、シンガポールの子どもたちに正しく理解させ続けることが課題である。

［十冊の主要参考文献］

・岩崎育夫『物語　シンガポールの歴史　エリート開発主義国家の200年（4版）』中公新書、2015年10月30日。
・林　博史『シンガポール華僑粛清　日本軍はシンガポールで何をしたのか』高文研、2007年6月25日

・小林正弘『シンガポールの日本軍　日本人の東南アジア観にふれながら』汐文社、１９８６年４月14日
・Ｅ・Ｊ・Ｈ・コーナー、石井美樹子訳『思い出の昭南博物館　占領下シンガポールと徳川侯』中公新書、１９８２年８月25日
・越田　稔編著『アジアの教科書に書かれた日本の戦争（増補版）　東南アジア編』梨の木舎、１９９５年６月１日
・佐々木譲『昭南島に欄ありや　上・下（改版２刷）』中公文庫、２０１１年７月30日
・田村慶子『シンガポールを知るための65章（第３版）』明石書店、２０１３年５月25日
・半藤一利『ＢＣ級裁判を読む』日経ビジネス人文庫、２０１５年７月１日
・堤　寛『父たちの大東亜戦争　戦地シンガポール・スマトラの意外な日々』幻冬舎ルネッサンス、２０１０年６月30日
・井上和彦『大東亜戦争写真紀行　ありがとう日本軍　アジアのために勇敢に戦ったサムライたち』ＰＨＰ研究所、２０１５年８月19日

第7章 ベトナムの戦争博物館
―軍事歴史博物館―

本章では、ベトナムのハノイ市にある軍事歴史博物館などを取り上げる。ベトナムは、19世紀初頭からのフランスによる介入・植民地支配に苦しんだ。また、戦後もフランスや米国および周辺諸国との過酷な戦争を体験してきた。

ハノイの街にひしめく日本製バイク

第1節　日本・ベトナム関係史の概略

（1）前近現代の日本・ベトナム関係史

日本とベトナムとの関係は古く8世紀中頃、遣唐使として大陸に渡った藤原清河や留学生の阿倍仲麻呂が暴風で現在のベトナムの地に漂着したことに始まる。その後の両国関係の詳細は不明であるが、16世紀に入ると琉球王国を中継して交易が盛んに行われるようになった。17世紀初頭、明との朱印船貿易が途絶えるとインドシナに朱印船を送り、ベトナムが最大の交易相手国となった。例えば、判明している朱印状宛先国の記録（1604~1635）356通のうち130通がベトナム相手である。ベトナム中部に形成された日本人町ホイアン（コーチシナ）などを拠点として、生糸、絹、陶磁器、刀剣、扇、蘇木、香木などが活発に交易された。1639年に徳川幕府が海外渡航禁止令を出すとベトナムとの直接の交易は途絶えたが、当時の鎖国下でも国交が許されていたオランダや中国を介して17世紀末まで交易は行われた。それ以後の厳しい鎖国体制の下、急速に両国間の交易は途絶え国交は消滅していった。また、帰国を許されず祖国日本を思いながらベトナムで人生を終えた日本人も多い。

（2）近現代の日本・ベトナム関係史

1802年に阮福映が西山朝を倒し阮朝を設立するも、この時フランスの志願兵・宣教師の力を借りたためフランスの介入を許すことになった。それ以降、阮朝ベトナムは1858年の仏宣教師迫害を口実とした仏越戦争や1862年のサイゴン条約によるコーチシナ東部割譲など、フランスの介入・支配に苦しめられてきた。１８８４年に始まる清仏戦争後に結ばれた天津条約で清国がベトナムへの宗主権を放棄したため、フランスのベトナムに対する植民地支配が確立した。その後、約70年間にわたって仏領インドシナ連邦のベトナムとして、フランスは地租・人頭税を課したりプランテーション農場としたりして過酷な支配を行った。１９０５年に日露戦争で白人であるロシアに有色人種である日本が勝利すると、フランスからの独立を目指したファン・ボイ・チャウは約２００人のベトナム青年を日本に留学させ近代文明や富国強兵政策を学ばせる（東遊運動）など、日本に対し憧れや期待を抱き依存しようとした。けれども、１９０７年の日仏協約により日本がベトナム青年を追放したため、ベトナムを失望させることになった。

１９４０年、フランスがナチスドイツに占領されると日本は仏印進駐を行った。前年の日米通商航海条約破棄で米国が石油や鉄くずなどの対日禁輸を行ったので輸入先を仏印や蘭印に求めたこと、イギリスがベトナム経由で行っていた援蒋ルートを寸断することなどのため、日本は仏印進駐を決行した。そして、欧米との対立が激化してきた１９４１年12月、日本は「大東亜共栄圏」構想を掲げ戦争へと突入していった。ベトナムは日露戦争後の東遊運動に対する日本の裏切りもあって「大東亜共栄圏」構想を信じられなかったこと、日仏の協定によりベトナムは両国から二重支配を受け苦しんだことなどにより、日本をフランスからの解放者というより日本ファシストによる支配者と捉える傾向のほうが勝った。そのため、日本はベトナム共産党による抗日・抗仏の武装蜂起に対応しなければならなかった。

１９４４年6月から始まったヨーロッパにおけるノルマンディー上陸作戦以来、ドイツは徐々に戦況が不利となった。１９４４年8月に連合軍によりパリがドイツから解放されると、ドイツ傀儡政権であったフランスのヴィシー政権はロンドンに亡命していたド・ゴールの臨時政府に取って代わられた。このためベトナムにおける日仏の二重支配体制が変化し連合軍側となったフランスが敵対的行動に出ることを恐れた日本は、１９４５年3月に明号作戦と呼ばれるフランス軍への攻撃・武力制圧を行った。当時、日本にとっての絶対国防権にインドシナが入り、ベトナムはその重要な兵站基地であったからである。明号作戦に成功した日本は、ベトナムのバオダイ帝にフランスからの独立を宣言させた。このような混乱期の１９４４~１９４５年に、２００万人とも言われるベトナム人餓死事件が起きてしまった。

１９４５年8月15日の終戦以降、ディエンビエンフーの戦いなどベトナムの再植民地支配を図るフランスからの独立戦争は続いた。日本軍は降伏し帰国したが、その後も「あの戦争は欧米からのアジアの解放」という信念を持った日本軍人の一部には、日本への帰国を拒否し自らベトナム独立同盟(ベトミン)勢力に加わって独立戦争を戦い抜いて戦死した者もいた。

１９５１年、日本は南ベトナム(ベトナム共和国)のバオダイ政権との間に平和条約を締結し、翌々年に国交を回復した。１９５９年に賠償協定を締結し、日本は約１４０億円の戦争賠償金をベトナムに支払った。しかしながら、これらの関係はベトナムが南北に分かれて対立していた時代のことであり、日本と南ベトナムに限定された関係であった。1973年のパリ和平協定で米国がベトナムから撤退すると、日本は北ベトナム（ベトナム民主共和国）との間に外交関係を樹立した。その後、ベトナムによるカンボジア侵攻に対する経済制裁で日ベトナム関係が冷え込むこともあったが、日本による継続的かつ巨額なODA（政府開発援助）供与や日越貿易会の貿易促進のための外交努力などが実を結び、今日では良好な両国関係が形成されつつある。その背景には、ベトナム戦争時は敵対する米国側を沖縄基地使用などで支援する国、共産主義に対して資本主義という敵対するイデオロギーの国としてベトナムは日本を見なしてきたが、1986年の共産党大会でドイモイ政策を採択し経済発展へと政策転換したことで、日本を信頼できる最重要経済パートナーと見なすように変化したことがある。

（3）日本・ベトナム関係史のエッセンスと視点

紀元前2世紀末の前漢の武帝による征服以来、ベトナムは1000年以上もの長きに渡って中国に支配されてきた。10世紀末、ベトナムが前期黎朝として独立した後もたびたび明朝に支配された。1802年に阮福映が西山党を倒し阮朝を設立した時、フランスの力を借りたためその後150年もの間フランスに介入・支配されることになった。1940年9月の北部仏印進駐から1945年8月の敗戦までの5年間、日本軍はベトナムに駐留した。この5年間の駐留を日本による植民地支配と捉えることに疑義もあろうが、そうだとしてもベトナム史を俯瞰・相対化すれば連綿と続いたベトナム被征服史の主なる加害主体は中仏である。この指摘は日本がベトナムに対して行った問題行動に対する弁解や言い逃れではなく、良好な日ベトナム関係構築のためには歴史的事実をしっかりと認識し客観・公平に両国関係を分析することの必要性を説くためである。過去に遡れば、遣唐使や朱印船貿易の時代から日本・ベトナム関係は密接かつ良好であった。また、多くの国々がその軍門に下った元寇において、それを撃退した数少ない国だという日本と共通する歴史があることをベトナム人は民族的誇りとしている。多くの日本人やベトナム人が知らないこれらの歴史を認識すれば、一層良好な両国関係を構築できるように思う。

１９４０年の仏印進駐に始まりベトナム戦争という冷戦の代理戦争までの不幸な両国関係は

モンゴル襲来に勇敢に立ち向かうベトナム（ベトナム国立歴史博物館）

特異な状況であり、むしろ良好な関係こそ歴史的に普遍かつ正常な状態であった。このことは、実際にベトナムに行ってみて食などの文化や忍耐強く寛大で人の好い人間性に触れてみると、世界中のなかで日本人と最も近い感性を彼らのなかに感じることにもつながる。ベトナムの町には、日本のドラマやアニメなどがあちこちに見られ、ホンダやスズキなどの日本製バイクが雲霞の如く溢れている。日ベトナム関係史のエッセンスや視点として、「あの戦争」の時代に過大に影響されることなくベトナムはアジアでも有数の親日国家であると捉えたい。

第２節　軍事歴史博物館の概要と特徴

（１）ベトナム軍事歴史博物館の概要

ベトナム軍事歴史博物館は、ハノイ市中心部の緑多き地域にあり隣接する高さ30ｍほどの煉瓦でできたフラッグタワーが目印となっている。本施設は、フランスの過酷な植民地支配および米国の帝国主義的軍事介入などの苦難と勇敢に戦い、独立を勝ち取ったベトナム人の輝かしい歴史を後世に伝えるものである。壁に囲まれた施設の正面から奥へと展示館の建物が並んでおり、その左手の屋外には主にベトナム戦争で使用された米国やソ連製の戦闘機・ヘリコプターなどの武器が所狭しと陳列されている。また、この施設のシンボルとなっているベトナム軍によって撃ち落されたフランス軍および米軍の戦闘機などの残骸で作ったモニュメントもある。博物館の建物はＳ１~Ｓ６まであるが、中心となるのはＳ２およびＳ３である。Ｓ２は、１階が1世紀から20世紀初頭までの展示、２階が反フランス植民地主義のための戦いおよびディエンビエンフー軍事行動模型の展示となっている。Ｓ３は、１階が１９５４～１９６８年における反米国帝国主義のための戦いの展示、２階が１９６９～１９７５年のそれの展示となっている。

ベトナムの対外勢力による支配の歴史と言えば、１９４０年に始まる仏印進駐から１９４５年の終戦までの日本による駐留もそれと無関係ではない。日本については、日本ファシストとしてＳ２の２階の２壁面に関連の武器や写真などが展示されている。フランスからの独立戦争およびベトナム戦争を主として展示している軍事歴史博物館であるので、日本の取り扱いは全

ベトナム軍事歴史博物館入口

体からすればわずかである。1000年に及ぶ中国支配、150年間のフランス支配、10年以上わたる過酷な米国とのベトナム戦争からすれば、5年という短期間であり支配との定義が当てはまるかどうかの議論がある日本駐留なので、この取り扱いは自然である。しかしながら、展示の武器や写真のキャプションに「日本軍を殺すための短剣」「日本ファシストと戦うための会議が開かれた塔」「日本ファシストに対する待ち伏せ」など、敵対的な表現が随所に用いられている。ただし、フランス支配に対しいかに勇敢に戦い撃退したかはディエンビエンフーの戦いを再現した巨大なジオラマにより展示されているが、それからすれば相対的にわずかな規模に留まる。なお、S3の1階にはベトナム戦争においてサイゴン陥落時に大統領官邸に突入

サイゴン陥落時に大統領官邸に突入した戦車（国宝）

し勝利を決定した戦車が国宝として展示されている。

（２）ベトナム軍事歴史博物館の特徴

ベトナム軍事歴史博物館の展示の特徴は、フランスの過酷な植民地支配および米国の帝国主義的軍事介入などの苦難と勇敢に戦い、独立を勝ち取ったベトナム人の輝かしい歴史を後世に伝えることにある。また、施設の建物の内外に展示された米国・ソ連・フランス製などの質量ともに充実した兵器は、「あの戦争」から現代に至る兵器の変遷史を教えてくれる。なお、「あの戦争」の終結後もフランスからの独立のために過酷な戦いが行われたこと、ベトナム戦争で沖縄米軍基地から飛び立った米軍爆撃機が激しい空爆を加えたことなど、日本と間接的に関わる戦後史を知る

所狭しと陳列される兵器と背後にそびえるフラッグタワー

こともできる。戦前・戦後を通してベトナムの国土を本当に破壊したのは米国やフランスであることが、体験的に学習・認識できる施設である。

この施設を見学したベトナム人は、国民としての誇りや独立の苦難と大切さをあらためて認識する。また、筆者がここを訪問したとき多数の若きベトナム軍人が見学に来ていたが、彼らの様子から自分たちの任務の重要性を身が引き締まる思いで実感したことであろう。外国人の訪問者も多く、フランスからの訪問者は加害・支配者として、ロシアからの訪問者は社会主義・共産主義の同盟国としてなど、それぞれの国の立場で戦後のベトナム史を受けとめていた。当然、本施設は誇り高き自国史や現政治体制の正当性などを認識する重要な教育の場である。

第３節　軍事歴史博物館の問題点と課題

（１）　軍事歴史博物館の問題点

１９８６年12月の共産党第６回大会でドイモイ政策を採択したベトナムは、これまで敵対してきた欧米や日本などの資本主義諸国との関係を修正し、東南アジア諸国連合（ＡＳＥＡＮ）にも加盟し経済発展を図った。けれども、ベトナム軍事歴史博物館の共産主義国家を維持するための必要以上のプロパガンダ的色彩は維持されたままである。例えば、博物館は「学術的資料の蒐集や保管および展覧」の場であり国民をマインドコントロールする場ではないのに、共産主義国家ベトナムとして独立の中心的役割をはたしたホー・チ・ミンが神聖視されている。

歴史的客観性および公平性との観点から、各国の取り扱い方にも問題点がある。対外諸勢力によって支配され続けたベトナム史において、その屈辱を忘れず民族的誇りを取り戻すことに主眼があるなら、その最大の対象国は歴史的に見て中国である。けれども、中国のベトナム支配についての展示はほぼ皆無である。あるいは、ベトナム戦争時にベトナム民間人を多く虐殺したのはソンミ村虐殺に代表される米国だけではなく、韓国軍も１万人以上もの民間人を虐殺した。その際、韓国軍はベトナム人女性に暴行しライダイハンと呼ばれる混血児を多く出生させた。その点への言及も皆無であり、韓国についてはわずか一枚の写真とベトナム戦争拡大のための会議に参加した国々の一つとの記載だけである。ちなみに、キムソン村での小規模衝突はあるものの、日本はベトナムを相手に戦争や虐殺をしたことはない。

（2）軍事歴史博物館などの課題

軍事歴史博物館の課題は、ホー・チ・ミンや共産主義の礼賛というバイアスを弱め真実の探究に努めることである。例えば、ホー・チ・ミンが述べた宣言を鵜呑みにして、日仏の過酷な支配が１９４５年にベトナムのソンコイ河周辺で起きた２００万人の餓死の原因としていることである。悲惨な出来事ではあったが、犠牲者数には数万人から２００万人まで諸説ある。また、その原因はホー・チ・ミンの独立宣言（１９４５年９月２日）で述べられた日仏支配という単純なものではなく、１９４４年秋の水害、フランスによるコメの貯蔵、米国爆撃によるコメ輸送のインフラ破壊、日本軍による軍用米調達、日本によるジュート栽培転換での米作面積減少など諸説ある。

ベトナム国民の目を現実の問題から遠ざける展示の傾向の修正も課題であろう。ベトナム戦争時における枯葉剤の使用の実態とその後遺障害、中国との西沙・南沙諸島をめぐる領土問題などがその例であるが、取り分け後者はこの施設の偉大な独立のための戦いの周知と国威発揚という趣旨を勘案すれば避けて通れない。なお、中国や韓国のように歴史の問題を外交カードにする国とは違い、歴史の真実からそれ程には逸脱していない展示であることは評価できる。

軍事歴史博物館以外にベトナム革命博物館が、「社会科で〝あの戦争〟をどう教えるか」について示唆的である。ここで登場する主な国の呼称が、独立・統一を勝ち取るまでのベトナムの基本的外交認識をよく示している。フランスは Colonialists、日本は Fascists、米国は Imperialists、ベトナム戦争時のサイゴン政権は the US-Puppet であり、中国については1000年におよぶ侵略や支配にもかかわらず呼称はない。また、本施設ではフランスの過酷な支配の展示が際立っており、これがベトナムにとって歴史的真実であることを「あの戦争」を教えるに参考としたい。

〔十冊の主要参考文献〕

・小倉貞男『物語ヴェトナムの歴史（6版）』中公新書、2014年3月10日
・早乙女勝元『ベトナム〝200万人〟餓死の記録　1945年日本占領下で』大月書店、

１９９３年9月10日
・石川文洋『ベトナム戦争と平和』岩波新書、２００５年7月20日
・木村汎他『日本・ベトナム関係を学ぶ人のために』世界思想社、２０００年10月30日
・司馬遼太郎『人間の集団について　ベトナムから考える　改版６刷』中央公論新社、２０１２年12月５日
・小倉貞男『ドキュメント　ヴェトナム戦争全史』岩波新書、１９９３年7月25日
・越田稔編『アジアの教科書に書かれた日本の戦争　増補版　東南アジア編』梨の木舎、１９９５年10月25日
・石井米雄監修『ベトナムの事典』同朋舎、１９９９年6月20日
・開高　健『ベトナム戦記　第19刷』朝日文庫、２０１１年7月10日
・北岡俊明、北岡正敏『韓国の大量虐殺事件を告発する』展転社、２０１４年8月15日

第8章　インドネシアの戦争博物館 ―サトリアマンダラ博物館―

本章では、インドネシアのジャカルタ市にあるサトリアマンダラ博物館を取り上げる。「あの戦争」が勃発し日本がインドネシアに侵攻したとき、そこでは17世紀から続くオランダによる過酷な植民地支配が展開されていた。

シンガポール
スマトラ島
ボルネオ島
バリクパパン
パレンバン
ジャカルタ
スマラン
ジャワ島

ジャカルタ市中心のムルデカ広場にそびえる独立記念塔

第１節　日本・インドネシア関係史の概略

（１）　前近現代の日本・インドネシア関係史

15世紀末に始まる大航海時代のなか、インドネシアを含む東南アジアの地にもポルトガルやスペイン・イギリスなどヨーロッパ白人世界の国々が進出してきた。１６０２年に東インド会社を設立したオランダは、ジャワ島にバタビア市を建設し交易の拠点とするなどインドネシアに積極的に進出した。さらに、１６２３年のアンボイナ事件でイギリスをこの地から追放すると、オランダはインドネシアとの交易を独占し重商主義による植民地支配を始めた。それ以来、「あの戦争」直後に独立を達成するまで３５６年に及びオランダの過酷なインドネシア支配は続いた。

日本との関係は、17世紀初頭にオランダ領東インドであったインドネシアに日本人が移住したことに始まる。朱印船による東南アジアでの交易が始まると、少しずつではあるがインドネシアとの関係が生じてきた。日本が江戸時代になって鎖国政策をとってもオランダとの交易は認めたので、バタビア市を拠点とするオランダ東インド会社を通して日本とインドネシアの関係は保たれた。ただ、19世紀末でもインドネシアの日本人は１，０００人以下に過ぎなかった。

（２）　近現代の日本・インドネシア関係史

オランダは、オランダ領東インドでの日本人を「名誉白人」としてヨーロッパ人と同等に待遇したため、徐々にインドネシアでの日本人居住者が増加していった。１９０８年に、日本はオランダと

「オランダ海外領地及び植民地に関する領事職務条約」を調印し、1909年にはバタビア市に帝国領事館を開設することになった。明治末期には、娼婦「からゆきさん」や白蝶貝の採貝の沖縄漁師など1,000人余の日本人がこの地に定住した。1939年までには、日本にとって砂糖、売薬、雑貨の商業貿易の中心地スラバヤ市などに4,000人以上の日本人が居住した。

1941年12月8日の真珠湾奇襲攻撃のためオランダは日本に宣戦布告し、多くのインドネシア在留日本人を敵国人として抑留した。米国などにより石油を禁輸されていた日本は、翌年の1月、石油資源の獲得を主な目的としインドネシアの地に侵攻し、ボルネオ・ジャワ・スマトラ・スラウェシなど重要な油田地帯を占領した。同年3月には、オランダ軍の本拠地のあったジャワ島を制圧し、オランダ軍を降伏させ抑留されていた日本人を解放した。この時、「長きにおよぶオランダ支配からインドネシアを解放するためにやってきた英雄」として、インドネシア人は日本軍を歓迎した。また、スカルノやモハマッド・ハタを代表とするインドネシア独立派などは、日本軍の行動によってインドネシア人としての民族意識を覚醒させられた。

1945年8月に日本が敗戦となるまで、インドネシアにおける日本の占領政策が展開された。この政策は、当初にインドネシアが期待したオランダからの独立支援というよりも、徐々に日本の軍事・経済的な目的への従属という側面を露にし始めた。インドネシア人を「労務者」「慰安婦」などの過酷な労働に従事させたり、軍事物資として資源や食料などを徴用し飢餓に陥れたりして、インドネシアの人々を苦しめた。「兵補」として日本軍に参加して戦死したり、末端日本兵などの軍規違反による殺人や暴行の犠牲者になったりしたインドネシア市民も多い。つまり、インドネシアの解放軍というイメージがオランダに代わる再占領軍とのそれに変化していったのである。ただし、インドネシアの独立支援という面も否定できず、インドネシア人によって結成された郷土防衛義勇軍（ＰＥＴＡ）などに、日本は軍事訓練をしたり武器支援をしたりした。このことが、日本の敗戦後インドネシアがオランダから独立を勝ち取ることにつながった。また、３、０００人近くもの日本軍人が「自分は解放軍である」との強い信念のもと戦後もインドネシアに残り、独立のためインドネシア人とともにオランダと戦った。そこで戦死した日本人は1、０００人にもおよび、現在もジャカルタにあるカリバタ英雄墓地に埋葬されている。日本の占領政策によるインドネシア人の反発が高まるなか、１９４４年9月7日に小磯国昭内閣はインドネシアに対して独立を約束した。翌年5月には、インドネシア独立準備調査会が設立され、スカルノやハッタが中心となり憲法の起草など独立の準備がなされた。そして、日本の敗戦直後の１９４５年8月17日に、スカルノおよびハッタによりインドネシア独立宣言がなされた。

「あの戦争」で、連合軍はインドネシアを素通りしフィリピンや沖縄に向かった。そのためインドネシアは直接の戦場とならず、悲惨な出来事は他の太平洋の島々と比較すると少なかった。けれども、戦争による悲惨な出来事がなかったわけではなく、その多くが日本の敗戦後に起きた。その一つがスマラン事件であり、1945年10月にジャワ島のスマランで起きた。降伏した日本軍に対し連合軍の一員であるイギリスなどから武装解除命令がだされたが、オランダから独立を達成したいインドネシアから日本軍に武器引渡しの要求が出された。その両者の狭間で日本軍とインドネシア独立軍が武器をめぐって戦うことになり、インドネシアは1、000人以上、日本は100人以上の犠牲者を出した。1949年12月、ハーグ円卓会議でオランダは独立を承認し、オランダ・インドネシア連合のインドネシア連邦共和国が成立した。その翌年、単一国家としてインドネシア共和国が成立し初代大統領がスカルノとなった。ただし、オランダ・インドネシア連合が解消され、インドネシアが完全に独立したのは1956年2月である。

戦後、1958年1月20日に日本とインドネシアの間に平和条約ならびに賠償協定が締結され、日本からインドネシアへ賠償金1億2308万ドル（現在価値で約1,2兆円）・経済協力4億ドルが支払われた。その後も、日本からのインドネシアに対する最大のODA援助やインドネシアに進出した日本企業がインドネシアの経済発展を支えてきたので、戦後の両国関係は概ね良好なものであった。1974年1月14日、当時の田中角栄首相のインドネシア訪問時に、進出した日本企業とインドネシア政府関係者などとの癒着を疑った勢力がマラリ暴動を起こした。また、2000年前後ごろには、中国や韓国の動向および日本国内の左翼勢力などに触発され、戦時中に日本軍から被害を受けたインドネシア人の訴訟などの問題も起きた。けれども、インドネシアにとっては今日の経済成長を支えてきた原動力は日本のＯＤＡや企業であり、日本にとっては資源・エネルギー供給地や人口２億4,000万人ゆえに労働・消費の市場としてインドネシアは重要である。だから、日本とインドネシアの双方にとって良好な関係は不可欠となっている。

(3) 日本・インドネシア関係史のエッセンスと視点

日本とインドネシアとの関係史のエッセンスとして、以下の2点を述べておきたい。

その一つは、反日感情がほとんど表面化していないということである。その最大の原因は、３５０年にも及ぶ過酷なオランダ植民地支配の苦難が日本の占領政策のそれを相対化させたことであろう。多くの日本兵がオランダからのインドネシア独立戦争に加担し犠牲となった歴史的事実や、連合軍がインドネシアに上陸をせず直接戦闘が行われなかったため他の太平洋の島々と比較すると犠牲が少なかったこともある。さらに、戦後の賠償やＯＤＡによる巨額な経済支援および日本企業の進出による経済発展など、経済的現実が反日を緩和させている面もあろう。

その二つは、あの戦争時の日本のインドネシア占領政策は現代日本人が考える以上に過酷であったということである。反日感情は表面化していないが、実際には占領政策の犠牲となったインドネシアの人々は多い。タイの泰面鉄道建設に従事し犠牲となったインドネシア人労務者は、その人数においても悲惨な境遇においても筆舌に尽くしがたい状況にあった。また、基本的に「慰安婦」は歴史に残るような非合法的行為ではないが、慰安婦の集め方およびその待遇においては、この問題を声高に叫ぶ韓国よりインドネシアの女性に対してのほうが問題を含むケースが多い。食糧や労働力の強制供出による貧困や飢餓、イスラム教徒であるインドネシア人への日本語教育や皇居遥拝の強制、シンガパルナやババル島での虐殺などもあった。

以上の二つの相矛盾するようなエッセンスを心に留め、矛盾の微妙なバランスを認識しつつ未来志向の日本・インドネシア関係構築に意を尽くしていくことが何より重要な視点である。

第2節　サトリアマンダラ博物館（ジャカルタ軍事博物館）の概要と特徴

（1）　サトリアマンダラ博物館の概要

インドネシアの首都ジャカルタ市の中心より約1.5ｋｍ南東に、サトリアマンダラ博物館と呼ばれるジャカルタ軍事博物館はある。サトリアマンダラ博物館は、日本でも有名なスカルノ大統領の第３夫人であったデビ・スカルノ氏がかつては宮殿として使用していた建物を改修したものであり、スハルト大統領によって１９７２年10月５日に開館された。現在は、インドネシアの文化遺産と位置付けられており、教育活動の一貫などとして毎年４８、０００人ほどが訪れる。

博物館に到着してまず視野に入ってくるのが、１７、０００坪ほどの広い庭園とそこに設置されたあの戦争時などに使われた各国の航空機や戦車・装甲車である。その庭園の中心に、白壁と屋根からなる日本風建築のサトリアマンダラ博物館はある。建物の２階はジオラマなどによりインドネシアの軍事的歴史が紹介されており、１階は各国の様々な種類の武器の展示となっている。なお、サトリアマンダラを無理に日本語にすれば「武士たちの聖なる場所」くらいの意味であろうか。

(2) サトリアマンダラ博物館の特徴

サトリアマンダラ博物館の展示およびその特徴について、以下の二点に要約したい。

その一つは、インドネシア独立に関わる軍事的歴史を通しての国威発揚の施設だということである。まず、入口には１９４５年8月17日に出されたスカルノ大統領直筆による独立宣言文が展示されている。さらに、オランダからの独立を目指し、その連合軍であるイギリスを相手に勇敢に戦うインドネシアの人々を再現した70枚以上（内２枚が対日本）に及ぶジオラマがある。入口からつながる建物の２階部分のすべてがインドネシア独立に

サトリアマンダラ博物館正面入口

貴重な各国の兵器や軍用機の展示

関する展示で埋め尽くされ、それらの保存状態なども比較的良好である。また、インドネシアの文化遺産とされ人口稠密で土地が希少なジャカルタ市の中心から程近い場所にあるにもかかわらず広大な敷地が提供されていることに、国威発揚の意思を明確に読み取ることができる。多くのジオラマがオランダからの独立のための戦争の再現に割かれており、勇敢に戦うインドネシア軍との趣旨が色濃く反映されたキャプションからもそれは理解された。それらのジオラマのうちの2枚が、インドネシアを占領した日本軍との戦いを取り上げていた。ところで、オランダのインドネシア占領の始まりがオランダ東インド会社により1619年にバタビア市が建設されたころと考えれば、オランダ支配は1956年2月の完全独立までの約350年間も続いたことになる。その間の支配は、強制栽培による作物の安価な買取りなどインドネシアの人々に困窮を強いる過酷なものであった。日本の支配は、1942年1月の石油産出地占領に始まり終戦までの3年半である。日本の支配を正当化するものではないが、この支配期間の長短からだけでもオランダと比較すれば日本が与えたインドネシアへの被害は少ない。ゆえに、ジオラマの数においてオランダ関連対日本がおよそ70対2というサトリアマンダラ博物館の展示のあり様は妥当だと考えられる。

その二つは、展示される武器資料が極めて充実していることである。1階に展示された銃器や大砲などは、確認されただけでも米国・日本・ソ連・フランス・イギリス・チェコ・イスラエル・デンマーク・ベルギー・中国・スペイン・オーストリア・オーストラリア・スウェーデン・ユーゴ・イタリア・

ドイツなど20カ国余りに上る。屋外には、米国戦闘機P‐51ムスタング、米国製戦車M5スチュワート、旧ソ連製装甲車などが展示されているが、このように一箇所でこれだけ貴重な軍事資料がまとめて見られる施設も稀少である。同じく屋外に展示されている日本の九三式練習用複葉機も、なかなか見られない貴重なものである。

第3節　サトリアマンダラ博物館の問題点と課題

(1)　サトリアマンダラ博物館の問題点

サトリアマンダラ博物館の問題点として、以下の三つを述べておきたい。その一つは、この施設が文化遺産であるに相応しい展示物の保存状態にないことである。2階のジオラマなどからなるインドネシア独立に関する展示の保存状態は良好であるが、ジオラマなどにそれほど歴史的価値があるとは思えない。建物内部で無造作に並べられた武器の類や外部で風雨にさらされた飛行機や戦車の類は、貴重なものが多いだけに金属の腐食など保存が危惧されるところである。その二つは、キャプション内容が文化遺産としては貧弱で不正確な面のあることである。筆者も一箇所だけ案内人にキャプションの誤りを伝えたが、歴史を正しく伝える意味においても専門家を入れるなどこれらを改善する必要性がある。また、世界的に見ても価値ある展示も多いことから、インドネシア語だけのキャプションは避けたい。その三つが、展示のコンセプトが曖昧なことである。最初に述べた独立を通しての国威高揚という明確なコンセプトと矛盾するようにも思われるかもしれないが、１階部分における時代や国に関係なく雑然と並べられた武器および建物の外に同じく時代や国に関係なく並べられた飛行機や戦車の類がそれにあたる。貴重な資料だけに確たるコンセプトにより展示を再構成したら、後世に何かを伝える博物館の役割を一層はたすことにつながるのではないか。

（２）サトリアマンダラ博物館などの課題

日本のインドネシア占領の悲惨な状況についての書物は、慰安婦の内容など国内外に多く出回っている。けれども、オランダの植民地支配を糾弾する書物は少なく、インドネシアのオランダ人に関するものは日本の占領により被害を受けた内容が主となっている。そこでは、オランダ人は被害者であり彼らが長きに及ぶ加害者だとの認識が弱い。実はオランダは日本以上に加害者であり、その認識に立つサトリアマンダラ博物館の展示には共感できる。日本のある種の意図を持った特定集団や中韓の外交カードに後押しされ、多くの人々にとって大切な現在および将来の良好な両国関係は危険にさらされている。サトリアマンダラ博物館の課題として最も強調したいのは、今後の国内外の政治・経済環境によってこれまでの展示の特徴を変更しないことである。これに関連して言うなら、良好な日・インドネシア関係の維持・発展のためにも、オランダからの独立を目指し残留日本兵がインドネシアの人々とともに戦ったことに多少でも言及してほしい。実は、「私は独立戦争の時に、日本の元兵隊さんがいっしょに戦ったことをはじめて知っておどろいた。学校では教わらなかった」（インドネシアで長洋弘氏が写真展を開催したとき会場を訪れた若い女子学生の感想）という一節が末尾の参考文献の中にあった。

ところで、ジャカルタ市の中心部には縦横ともゆうに１㎞はあろうかと思われる広大なムルデカ（独立の意味）広場がある。ムルデカ広場の周辺には、大統領官邸・最高裁判所・国立博物館などの主要な施設がある。その広場の中央に位置するのが高さ１３２ｍの独立記念塔（モナス）であり、その地下にある博物館を多くの子どもたちが教育活動の一貫として訪れる。その博物館の四方を取り巻く壁面に48枚のジオラマがあってインドネシアの歴史を概観できる。独立記念塔の名が示すように、48枚のジオラマの多くがオランダからの独立に当てられている。日本の占領時代についても、１枚のジオラマにのみ「日本による強制労働で何千人もの労務者が疲労や食糧・薬の不足で死んだ」と言及されている。また、別のジオラマに「日本軍の訓練と統治によるインドネシア祖国自衛軍」と触れられている。歴史教育に大きな影響を与える本施設の展示のあり方は、日本・インドネシア関係にとって微妙であり示唆的でもある。

【十冊の主要参考文献など】

・長洋弘『母と子でみる38　戦争とインドネシア残留日本兵』草の根出版会、１９９７年8月15日
・上坂冬子『南の祖国に生きて　インドネシア残留日本兵とその子供たち』文藝春秋、１９９７年11月10日
・戦争犠牲者を心に刻む会編『インドネシア侵略と独立』東方出版、２０００年8月１日
・間瀬朋子他『エリア・スタディーズ１１３　現代インドネシアを知るための60章』明石書店、２０１３年１月30日
・プラムディア・アナンタ・トゥール『増補改訂版　日本軍に棄てられた少女たち』コモンズ、２０１３年12月５日
・川田文子『インドネシアの慰安婦』明石書店、１９９７年5月31日
・H. L. B. マヒュー他『ジャワ・オランダ人少年抑留所』梨の木舎、１９９７年10月20日
・ＳＡＰＩＯ編集部編『日本人が知っておくべき慰安婦の真実』小学館、２０１３年8月31日
・吉見義明『従軍慰安婦』岩波新書、１９９５年4月20日
・石井米雄『インドネシアの事典』同朋舎、１９９１年6月20日

第9章　タイの戦争博物館
―カンチャナブリ戦争博物館―

本章では、独立を保ち「あの戦争」に中立であったタイのカンチャナブリ戦争博物館を取り上げる。映画「戦場にかける橋（1957年）」で世界的に有名となったクワイ河にかかる鉄橋や泰緬鉄道などと一体化した博物館である。

観光地化したクワイ河の鉄橋と今も利用される泰緬鉄道

第1節　日本・タイ関係史の概略

(1)　前近現代の日本・タイ関係史

日本とタイとの外交は、15世紀頃から琉球王国を経由して行われていた交易に始まると言われる。日タイ関係が歴史上明らかに認識されるのは、17世紀にアユタヤ朝タイ王国に渡った山田長政の存在である。江戸初期に幕府から朱印状を与えられた朱印船が南方アジアと活発に貿易するなか、各地に移住した日本人によって日本町が作られた。また、戦国時代の終焉とともに活躍の場を失った武士が、傭兵として雇用の場を求めて多く東南アジアに渡った。アユタヤに作られた日本町の長となったのが山田長政であり、彼はタイ王室から太守として軍事・経済の両面で重用された。しかしながら、タイ王家の権力闘争などに巻き込まれ、山田長政もこの混乱のなか１６３０年に毒殺された。また、その当時のタイ国王プラサートーン（サンペット5世）は、日本人に対する反乱の嫌疑によって日本町を焼き払った。その後、日本が鎖国体制を採ったため２５０年間日タイ交流は途絶え、現地に留まった日本人も混血が進むなか消滅していった。この間、日本とタイとの貿易は唐船により長崎を通してある程度は行われていた。

(2)　近現代の日本・タイ関係史

インド・ビルマを植民地化し東進を図るイギリスと、ヴェトナム・ラオス・カンボジアを植民地化し西進を図るフランスとのインドシナ半島における衝突を避ける緩衝国として、英仏のタイを中立国とするという協定によりタイは独立を保った。タイが独立国としての地位を保った理由には英仏の協定によるだけでなく、ラーマ5世に代表されるチャクリ朝の歴代の王が近代化により国力の充実を図ったこともある。

日本は幕末に開国すると、1887年に独立国タイとの間に「修好通商ニ関スル日本国シャム国間ノ宣言」を結び、正式に日タイ外交関係を開いた。このタイとの条約は、日本が東南アジア諸国と締結した最初の外交関係である。1897年には「日タイ修好通商航海条約」が結ばれたが、この条約は日本に治外法権などを認めた不平等条約であった。日本を介入させることで英仏侵略の脅威を緩和しようとしたタイは、この条約が不平等であっても締結した。条約締結後、日本から多くの専門家や技術者が派遣され、養蚕業や教育などでタイの近代化に貢献した。

第一次大戦後、日本はアジアへの支配強化を図り国際社会との対立を深めていった。そのプロセスにおいて、日タイ関係は非常に微妙なものとして展開されることとなる。例えば、1931年9月に起きた満州事変を契機とし、日本軍部の傀儡政権として建国されたと言われる満州国の承認をめぐる国連勧告への採決である。リットン調査団による「満州国の独立は自発的なものでない」などの内容を含むこの勧告は、賛成42：反対1：棄権1の結果で採択された。もちろん反対した唯一の国は日本であるが、棄権した唯一の国はタイであった。タイが賛成せず棄権した理由は、国内での権力闘争や近代化およびインドシナ半島での領土拡大のためには、英仏の勢力排除と日本の助力を必要としたからである。この結果、日本はタイを同盟国と見なしインドシナ半島攻略の重要拠点と認識した。

１９３９年9月1日、ドイツのポーランド侵攻によって第二次世界大戦が勃発した。そのとき、タイの立憲君主革命から台頭し政権を担っていたルアン・ピブン・ソンクラームは、対立する英仏と独に対し中立を宣言した。１９４０年9月に北部フランス領インドシナに進駐した日本は、南部へと進駐を拡大していった。１９４１年12月8日未明、日本はハワイの真珠湾を奇襲して戦争の火蓋を切り、同時にマライ半島にも侵攻した。インドシナ半島への勢力拡大のためにタイ領を通る必要があった日本は、「日本国軍隊ノタイ国領域通過ニ関スル日本国タイ国間協定」を締結しタイ領に進駐していった。「あの戦争」が勃発すると、タイは苦渋の判断の結果１９４１年12月21日に中立宣言を放棄し「日タイ同盟条約」を締結した。さらに、翌年1月3日に「日泰協同作戦ニ関スル協定」を締結し、1月25日には英米に宣戦布告することとなった。

日本は、シンガポール（昭南）やビルマのラングーンを占領すると、１９４２年3月にはそれらの地域を結ぶため泰緬鉄道の建設を計画した。その建設は同年7月に着手され、過酷な労働条件により連合軍捕虜だけでなくタイ人労働者にも犠牲者を出した。また、日本軍がタイ僧侶に暴行を働くバーンポーン事件が起こり、日タイ衝突により双方に死者が出た。タイでは、このような出来事のため日本は同盟国より占領軍だとの認識が増幅していった。そして、日本軍の戦況不利が明らかになり始めると、ソンクラームは徐々に日本離れし連合国側との関係の構築を模索し始めた。他方、もともと日本との同盟関係に反対であった戦後首相となるプリディー・パノムヨンや連合国側についた自由タイは、抗日運動を秘かに展開し始めた。日タイ関係の緊張は、1945年8月14日の日本によるポツダム宣言受諾で終了するところとなった。

戦後の東西冷戦構造下において、タイはインドシナ半島での共産主義拡大に対する防波堤として米国資本主義寄りの立場をとった。また、サンフランシスコ講和条約によって資本主義陣営の一員として国際社会に復帰した日本と、タイは1952年に国交を回復した。1950年代後半からの高度経済成長により経済大国となりつつあった日本は、1960年代に入るとタイを重要な生産拠点や市場と位置付け積極的に経済進出した。さらには、日本は巨額なODA（政府開発援助）をタイに投じた。そのためタイは経済発展をしたが、溢れる日本製品や積極的な日本企業の進出により1970年代には反日運動も起きた。けれども、経済発展を優先するタイは良好な対日関係を維持することに力を入れることで、インドシナ半島における政治的・経済的な中心国としての立場を確立していった。現在も日本企業のタイ進出は加速化しており、日タイ経済関係がより親密さを増すなか、「トヨタ」「ホンダ」などの日本企業や日本のアニメなどはタイの人々や社会に深く根付いている。

（3）日本・タイ関係史のエッセンスと視点

日本とタイ関係のエッセンスは、他のアジア諸国と比較して良好かつ友好的なことである。独立国家であったタイは日本に占領統治されなかったし、「あの戦争」では同盟関係にあり一時期10万人を超えるタイ駐留日本軍を歓迎する向きすらあった。そのためもあってタイにおける反日感情は少なく、未帰還兵と呼ばれるタイに残留した日本兵やタイ社会で尊敬されつつ戦後社会を生きた日本人も多い。また、その日本人と結婚し幸せな生活を営んだタイ人女性も多い。さらに、外務省による「日本に関するＡＳＥＡＮ（６カ国）世論調査（２００２年11月実施）」によれば、タイ人の89％が日本を友好国だとみなしている。

１９９３年の冷夏により、日本は普段は農家保護のため輸入していないタイ米を緊急輸入した。そのため、タイ米の価格が高騰しタイ人の生活を圧迫した一方で、翌年には日本による保護主義再開で日本を当てにし増産された米の売れ残りを抱えたタイ農家は途方に暮れた。このような身勝手な日本の行動が、タイでは顰蹙を買ったということである。「あ

1904年に名古屋市内に建立された日タイ友好の象徴である覚王山日泰寺

の戦争」の歴史的経緯ゆえに他のアジア諸国と比較して反日感情の少ないタイに対し、今後も自国中心主義に偏らず誠実かつ良好な外交関係を維持することが極めて重要だという視点を持ちたい。

第2節　カンチャナブリ戦争博物館の概要と特徴

(1)　カンチャナブリ戦争博物館（JEATHミュージアム）の概要

ＪＥＡＴＨミュージアムとも呼ばれるカンチャナブリ戦争博物館(以下、ＪＥＡＴＨ)は、首都バンコクの西方へ車で2時間ほど行ったカンチャナブリ県ムアンカンチャナブリ郡バンタイにある。1977年、ワット・チャイ・チュンポン寺の住職によって敷地内に設立され、現在も寺の関係者・機関によって維持されている。ＪＥＡＴＨという名称は、「死の鉄道」と呼ばれ「枕木1本に死者1人」と言われるほど建設時に多くの犠牲者を出した泰緬鉄道に関わった主たる国々の頭文字、すなわち日本（Japan）、イギリス（England）、アメリカとオーストラリア（America、Australia）、タイ（Thailand）、オランダ〔Holland〕を採って付けられたものである。ゆえに、ＪＥＡＴＨは主に日本軍指揮による過酷な泰緬鉄道建設の犠牲者に関わる遺品などが展示されている。なお、ＪＥＡＴＨという名称は死（Death）を連想することも意図されていると言われる。

ＪＥＡＴＨの周辺には、現在でも一部が鉄道として使用されている泰緬鉄道や、当時の映画「戦場にかける橋」で世界的に有名となったクワイ河にかかる鉄橋があり、カンチャナブリ最大の観光スポットとなっている。周辺には、日本人を含め戦争犠牲者となった人々を慰霊するためのモニュメントも多く存在する。また、泰緬鉄道建設のための過酷な労働で犠牲となった欧米人の墓地もある。本章ではＪＥＡＴＨを中心として考察するが、カンチャナブリの戦争博物館はこれらの戦争関連施設全体を総合的に見て考察する必要があろう。

正面入り口にはTHE JEATH war museum Kanchanaburi Thailand と書かれた看板があるが、その横にあるもう一枚のＪＥＡＴＨ設立の趣旨などが書かれた看板には、日本の指揮官よりとして「懸命に働けば良き待遇がなされるが、懸命に働かなければ罰せられる（if you work hard you will be treated well but if you do not work hard you will be punished)」と書かれている。正面入り口を入ると、右手にコの字型の幅約５～６ｍの

JEATH の正面入り口と右奥に見える連合軍捕虜収容施設再現による展示館

回廊からなる粗末なJEATHの建物がある。建物は竹と椰子の葉で作られているが、これは泰緬鉄道建設時に過酷な労役を強いられた連合軍捕虜の収容所を再現している。建物内部には、過酷な労働にまつわる写真、関連する新聞記事、捕虜が描き密かに持ち出された絵、武器・弾薬などが回廊に沿って展示されている。

建物の周辺には、泰緬鉄道の路線地図が書かれてある看板や連合軍が鉄道破壊のために空爆したときの不発弾も置かれてある。また、戦後カンチャナブリの貧困学生に奨学金を提供するなどで貢献した永瀬隆氏の銅像がある。永瀬氏は泰緬鉄道建設時に陸軍憲兵隊付通訳としてこの地に赴任してきた人であり、そのとき戦慄した日本軍による過酷な労働への贖罪意識から、戦後タイのため2011年6月22日に93歳で逝去するまで生涯尽くした人である。

（2）カンチャナブリ戦争博物館（JEATHミュージアム）の特徴

泰緬鉄道はビルマのタンビュザヤとタイのノンブラドックを結ぶ415キロに及ぶもので、日本は占領したマライ半島やインドシナ半島からさらにはビルマ・インドへの進出のために不可欠な輸送手段だとした。また、海上輸送が米軍による潜水艦攻撃などで難しくなり、この地域の鉄道による陸路輸送の早急な完成が求められた。その建設は同年7月に着手され、連合軍捕虜やアジア各地からの労務者を合わせて数十万人使用し、高温多湿な気候条件や長時間の重労働および不充分な食糧という劣悪な労働条件のなか強行に進められた。そのため、栄養失調やマラリア・コレラなどの疫病により数万人を超す犠牲者を出したと言われる。だからこの鉄道は「死の鉄道」と呼ばれ、その犠牲者には多くの連合軍捕虜やタイ人も含まれた。

ＪＥＡＴＨは、１９４２年～１９４３年にかけて日本軍により行われたこの泰緬鉄道建設に関わる犠牲者の遺品の展示・保存を意図して設立された。また、このＪＥＡＴＨを訪れ展示を見た人々が、二度と同じ過ちを繰り返さないと決意するよう意図されている。周辺には、「戦場にかける橋」として映画化され世界的に有名になったクワイ河にかかる橋、欧米諸国の潤沢な資金などによって設立された戦争博物館や墓地などもある。それらと比較すればみすぼらしいＪＥＡＴＨであるが、その特徴は地味ながら泰緬鉄道建設に関わる悲劇という歴史を後世に伝えることに尽きる。

第3節　カンチャナブリ戦争博物館の問題点と課題

（1）カンチャナブリ戦争博物館（ＪＥＡＴＨミュージアム）の問題点

問題点の一つは、日本軍の残虐性という歴史を後世に伝える施設としては実証資料に乏しいことである。泰緬鉄道建設に当たって日本軍による過酷な労働の強制により多くの犠牲者を出したことは事実であり、それを後世に伝えるのはＪＥＡＴＨの大切な役割である。けれども、過酷な労働による犠牲者の人数は、どの資料や情報などで判断するかにより約10倍の開きがある。ＪＥＡＴＨの展示資料は捕虜の描いた絵が主であることはすでに述べたが、いわゆる二次資料にもならない絵は主観に過ぎず史実を証明しない。日本軍の銃剣、各国兵のヘルメット、兵士の持ち物であるタイプライターや水筒・飯盒などは、いくら陳列してあっても残虐行為の証明にはならない。ビジュアル資料として確かな証拠になり得る写真についても、多くが作業現場を写したものであり残虐さを証明するものではない。多数の欧米人犠牲者の墓地についても、ＪＥＡＴＨのキャプションでは解放者とされる連合軍の爆撃による死者も相当多く含まれる。カンチャナブリの戦争関連施設がアカデミー賞を受賞した映画「戦場にかける橋」で世界的に有名となったため、この映画のもたらす情報が史実と認識される面が大きいので要注意だ。

その二つは、シンガポールのチャンギ刑務所における出来事との混在である。チャンギ刑務所では、日本軍によって捕虜となった欧米人に対する日本軍の虐待はかなりのものであった。その関連資料が、ＪＥＡＴＨなどには多く展示されている。確かに、泰緬鉄道の労働者となった捕虜は、チャンギ刑務所から連れられてきた場合が多い。けれども、泰緬鉄道建設に関わる残酷な行為とチャンギ刑務所で行われた捕虜虐待とは直接には関係ない。ＪＥＡＴＨを見学した人々は、それら別の事象を泰面鉄道で起きたそれとして誤認することであろう。

(2) カンチャナブリ戦争博物館（JEATHミュージアム）の課題

ＪＥＡＴＨが泰緬鉄道の悲惨さを後世に正しく残すために、以下の二点を課題としておきたい。

その一つは、経済的理由によって歪曲されることのないＪＥＡＴＨの客観性や公平性を今後も貫徹することである。ＪＥＡＴＨの運営が利潤とは縁遠い宗教関係者によってなされているため、この点は危惧に過ぎないかもしれない。けれども、観光スポットであるクワイ河鉄橋や連合軍共同墓地などその周辺施設においては、各々の施設のキャプションが出資国の影響を受けている。カンチャナブリにある当時の連合軍側１５０の国々によって管理されている共同墓地のキャプションには、「日本の東南アジアへの侵略」「捕虜1.6万人および10万人の市民の犠牲」とある。その結果、東南アジアに侵略したのはすでにその地を侵略・植民地支配していた欧米でなく日本だけであることになるし、犠牲者の人数もその記述が歴史的に定着してしまう。戦時中、日本軍によって建立された慰霊塔のキャプションには、「連合国軍並びに関係の方々の霊を慰めるために日本軍が建てた」「毎年3月には在タイ日本人有志が亡くなられた方々のために慰霊祭を行う」とある。このキャプションからは、日本軍の侵略性は伝わらないし、むしろ犠牲者への誠意ある対応が伝わってくる。このように、各国の海外援助や投資および観光客の誘致など経済的事由がさまざまな形で歴史認識に影響を与える。

その二つは、展示物の管理・保存状態を改善することである。一部の展示物は、ケースに入れられることもなくむき出し状態である。また、建物自体に空調設備がない上に入り口が開放されているため、外部の湿気などにさらされた状態である。そのため展示物の劣化が激しく、展示された新聞やキャプションが読めないものもある。ワット・チャイ・チュンポン寺という宗教施設による設立と運営という限界によるものであるが、潤沢な欧米資本などによるクワイ河鉄橋や連合軍共同墓地とは対照的であり、ＪＥＡＴＨが風化すれば後世に歴史をきちんと伝えられないのではと危惧される。事実、カンチャナブリの人々や観光客はクワイ河にかかる鉄橋や泰面鉄道に多くが群れ、その近くにあるにもかかわらずＪＥＡＴＨは寂れて閑散としている。

［十冊の主要参考文献］

・吉川利治『同盟国タイと駐屯日本軍　―「大東亜戦争」期の知られざる国際関係―』雄山閣、２０１０年11月30日
・柿崎一郎『物語　タイの歴史―微笑みの国の真実』中公新書、２００７年９月25日
・永瀬隆『戦場にかける橋のウソと真実』岩波書店　１９８６年８月20日
・将口泰浩『未帰還兵』産経新聞社の本、２００８年１月22日
・竹山道雄『ビルマの竪琴』新潮社、１９５９年４月17日
・早瀬晋三『戦争の記憶を歩く　東南アジアのいま』岩波書店、２００７年３月９日
・上羽修　中原道子『グラフィック・レポート　昭和史の消せない真実』岩波書店、１９９２年９月７日
・別府三奈子他『アジアでどんな戦争があったのか　戦跡をたどる旅』めこん、２００６年８月15日
・桑野淳一他『タイ駐在のタイ入門』連合出版、２０１１年７月10日
・The true story of THE DEATH RAILWAY & THE BRIDGE ON THE RIVER KWAI（カンチャナブリ周辺の土産物屋で購入した本であり出所など不明であるが、写真など貴重な資料・情報が多く掲載されている）

第10章　日本の戦争博物館　―アジアの戦争博物館比較を踏まえて―

本章では、これまで紹介してきたアジアの主たる戦争博物館からの示唆を意識し、日本の博物館を三つのカテゴリーに分けて紹介する。また、社会科における「あの戦争」の体験的な学びの場としてのこれらの施設の課題を示す。

第1節　アジアの戦争博物館比較からの示唆

これまで「第Ⅱ編」の「第3~9章」により、アジアの主たる戦争博物館を紹介してきた。日本が侵略し植民地支配したとされる中国・韓国、日本の軍事侵攻以前から欧米白人諸国の植民地であったフィリピン・シンガポール・ベトナム・インドネシア、独立を保ち中立であったタイという歴史的経緯の相違を意識し、これら七カ国の戦争博物館を採り上げた。ここでは戦争博物館比較から得られた示唆を四つにまとめ明示することで、本章における日本の戦争博物館の紹介および課題を示す視点とすると同時に、社会科で「あの戦争」を教えるに当たり戦争博物館を体験・経験的な学習の場とするときの留意点としたい。なお、以下で取り上げる四つの示唆は七カ国の戦争博物館のいずれにも共通するものであるが、その各々について国や施設によりかなりの程度の差が認められたことも事実である。

その一つは、博物館の真実を伝える役割が蔑ろにされ国内外の政治的状況に応じて利用されていることである。つまり、国威発揚や体制維持および外交カードなどの政治的ご都合主義により、本来の博物館の要件である「学術的資料の蒐集保管および展覧」「学術的探究のための中枢的機能」などの役割が損なわれているということである。その二つは、経済的利害が博物館の展示に影響を与えていることである。博物館関係者は、国内的には入場者数や諸団体の支援を意識して、また対外的には貿易・投資・援助・外国人観光などを意識して、歴史的真実より利益を優先させる。その三つは、博物館の設立主体には目的や価値観およびイデオロギーが存在することである。設立主体は必ずしも政治・思想・宗教などにおいて中立とは限らず、その主体の設立目的や価値観・イデオロギーを反映したものとなる。その四つは、「あの戦争」に関連する歴史的経緯の相違に影響されることである。上述した「中国・韓国」「フィリピン・シンガポール・ベトナム・インドネシア」「タイ」の三つの分類の根拠が正にそれであり、博物館から得られる示唆として極めて重要である。

以上の四点を意識しつつ、日本の六つの戦争博物館を価値観やイデオロギーなどにより「保守的な博物館」「戦後の進歩主義的な博物館」「中立的な博物館」の三つのカテゴリーに分けて紹介し、各々の課題についても示す。

第2節　日本の戦争博物館

(1)　保守的な博物館　―靖国神社「遊就館」、知覧特攻平和会館―

①　靖国神社「遊就館」

ア　靖国神社「遊就館」の概要と特徴

東京の九段にある靖國神社は、明治2年に軍務官副知事大村益次郎らによって東京招魂社として創建され、戊辰戦争以来「あの戦争」などで国難に尊い生命を捧げた人々に対する慰霊の場となっている。正面の拝殿に向かって右手に、靖國神社の運営する軍事史博物館「遊就館」がある。遊就館は明治15年に最古の軍事史博物館として開館され、平成14年7月に本館改修および新館完成により現在の立派な施設に至った。遊就館は、「英霊顕彰」「近代史の真実を明らかにする」ことを目的として開館され、「戦争の記念品」「史資料」「古今の武器類」など10万点を収蔵し3千点を展示している。なお、「遊就（館）」という名前は中国の春秋戦国時代に由来するもので、「高潔な人物に就いて交わり学ぶ」の意味だとのことである。

「零式艦上戦闘機（ゼロ戦）」などが展示された玄関ホールから入場し、エスカレーターにより2階に上がる。2階左手正面には映像ホール1（常設）があり、そこでは「私たちは忘れない―感謝と祈りと誇りを」が繰り返し上映されている。その映像内容は、「東京裁判で歪められた歴史の真実に迫るドキュメント」だとされ、当館の設立趣旨および「あの戦争」に対するスタンスが明確にされる。2階には、その他「西南戦争」「日清戦争」「日露戦争」などの展示が時代順に配置されている。1階は、「大東亜戦争」「靖國の神々」などの展示室および兵器や兵士の遺品を収集・陳列した大展示室からなる。

『遊就館図録』の「解題」で小堀桂一郎氏は、「戦争は主権を有する近代国家が擁する民族（国民）とが集団として互いにその義と利とを争う大世界の出来事だが、現実にそれを遂行し戦闘に従事するのはそれぞれがささやかな小世界の住民である個々の生身の人間である。その生身の人間が集団的運命としての国家の総力戦に直面したとき、私の運命と公の運命との関係をどの様に考え、どの様にその人なりの答えを見出し、行動したか。遊就館は、その貴重な人間の精神と心情を、その人の肉声が伝わってくるように記録を蒐集し展示している（筆者要約）」と述べている。遊就館の展示の特徴は、この小堀氏の「解題」に凝集されているように思われる。

「あの戦争」に焦点化して述べれば、「遊就館」の展示のさらなる特徴は『遊就館図録』の「大東亜戦争概略」に記述された戦争への認識に立脚していることである。世界赤化政策の拡張を目論むソ連のスターリン、対独参戦によって世界恐慌以来の不況の脱出を試みようとする米国のルーズヴェルト、大英帝国として植民地維持を目論む英国のチャーチルなどの日本を取り巻く世界情勢が、日米開戦を避けるための日本の努力を無とした結果、あの戦争が勃発したとする認識である。つまり、米国民の反戦意志にもかかわらず対独参戦を強引に推し進めるルーズヴェルトは、資源に乏しい日本を禁輸で追い詰めて開戦を強要したということである。ゆえに、日本は自存自衛のため資源の獲得を目指して南方へ進出せざるを得なかった。また、そのことは同時に白人による植民地支配から同胞アジアを独立させることだと考えたのである。

このような「あの戦争」への認識に立脚し、展示は国難に殉じた英霊や国民全体の必死な戦いを顕彰している。また、ソ連による終戦時における日ソ中立条約違反およびシベリヤ抑留の不当性、パール判事の行動に依拠しつつ極東国際軍事裁判の判決文の不当性、インドネシアがオランダとの独立戦争に参加した日本軍人に贈ったナラリア勲章や同じくビルマが贈ったオンサン勲章などの展示は、いったい「あの戦争」の正邪について何が真実なのかと問いかけてくる。

イ　靖国神社「遊就館」の課題

国内外の戦争博物館を想起しつつ靖國神社の遊就館を取り上げて感ずることは、「戦争関連博物館はこうも設立主体によって展示のあり方が異なるものか」ということである。ゆえに、戦争関連博物館には、立場や価値観による見方の相違は不可避として寛容に受け止めつつも、明らかな虚偽の展示はしないとのコンセンサスや良識だけは求めたい。遊就館の展示は検証を通じてかろうじてその範疇に収まっているものだと理解されるが、今後の国内外の政治経済情勢がどう変化しようとも保守に過ぎる社会の形成に加担しないことが本施設の課題である。

〔参考・引用資料〕

・『靖國神社　遊就館図録　第三刷』　靖國神社　平成18年4月29日

② 知覧特攻平和会館

ア　知覧特攻平和会館の概要と特徴

鹿児島県の薩摩半島南端にある南九州市に、「あの戦争」時に特攻隊の基地として知られた知覧はあり、ここに知覧特攻平和会館（以下、平和会館）は建てられた。特攻隊は主に沖縄戦に向かうため、陸軍特攻基地の知覧や万世、海軍特攻基地の鹿屋など、多くの特攻基地が鹿児島県に集中する。訪問するには人里離れた山奥の不便な場所であるが、連合軍に発見されないよう特攻に飛び立つためにその場所は選ばれた。平和会館は、知覧町が地域の特性を生かした町づくり特別対策事業として、昭和61年度に完成された。平和会館が作成したリーフレットによれば、「この知覧特攻平和会館は、大東亜戦争末期（戦後は太平洋戦争ともいう。）の沖縄戦で、人類史上類のない爆装した飛行機もろとも敵艦に体当たりした陸軍特別攻撃隊員の遺影、遺品、記録等貴重な資料を収集・保存・展示して当時の真情を後世に正しく伝え世界恒久の平和に寄与する」ことを目的としてこの施設は建てられた。

桜の木や石灯篭などに囲まれ整備された歩道を行くと正面に平和会館はある。特攻隊関係書籍などを扱う売店やある特攻隊員の逸話となっているフッペル製ピアノにまわりを囲まれたロビーの奥に、中央展示室がある。そこには、中央に陸軍三式戦闘機「飛燕」が展示され、それを取り囲むように特攻で散華した1，036名の遺影や遺書などがある。また、有名な鳥浜トメさんらによる特攻に関する証言やＶＴＲ「出撃から突撃」を見るコーナーもある。その奥には疾風展示室があり、特攻機を直庵（直接援護）・誘導した四式戦闘機「疾風」が展示されている。さらにその奥は戦史資料館となっており、西南戦争から大東亜戦争までの軍服・軍人携行品など戦史に関わる資料が展示されている。正面右手には鹿児島県甑島から引き上げられた海軍零式艦上戦闘機（いわゆる「ゼロ戦」）の修復された残骸が、その奥にはゼロ戦の次に多く生産された一式戦闘機「隼」および海軍水上特攻艇「震洋」が展示されている。さらにその奥には座席数が194も備え付けられた立派な講義室があり、語り部の人たちの話を聞いたりすることができる。平和会館の周辺に、特攻隊員が出撃までの時間を仲間と過ごした三角兵舎の復元もある。

特攻が行われたのは、日本の戦況が不利となってきた戦争の末期という混乱の時期であった。また、特攻は生還者がいないため戦況の把握が難しい作戦であった。ゆえに、特攻で戦死した人数は概算でしかわからないが、その数およそ3,800名と言われ、その約3分の1に当たる1,036名がこの知覧から突撃していった。ゆえに、知覧は特攻出撃の地として後世の人々がしっかりと記憶に留めるべき場所であり、この地に建てられた平和会館はそれに相応しい立派な施設である。平和会館の特徴は多々あろうが、以下の二点を挙げておきたい。

その一つが、これ程までに特攻におもむいた若者たちの無言の思いを後世に語りかける戦争関連施設は他にないであろうということである。そこで展示されている1,036名もの遺影・遺書・遺品・関連写真などは、見学者の心を強く揺さぶるものがある。検閲があり多くが本音を書けなかった遺書ですら、これを読めば涙を禁じ得ない人は多い。心のうちにある本心を微塵も見せず、純粋かつ穏やかにさえ見える特攻隊員の写真の姿も痛々しい。その二つが、後世に残すべき重要な資料が多いということである。例えば、陸軍三式戦闘機「飛燕」は日本で現存する唯一のものと言われ、この知覧ゆえに日本航空協会が特攻隊員への鎮魂の象徴として提供した。また、親族など特攻関係者の善意で集められた特攻隊員の直筆による書は、近々に「知覧からの手紙」としてユネスコ世界記憶遺産への登録を目指すものである。

イ　知覧特攻平和会館の課題

平和会館の課題として以下の二点を述べるが、この課題は施設自身のそれではなく訪れる人々に突きつけられた課題だと認識したほうが正確である。その一つは、設立の趣旨である「真情を後世に正しく伝え世界恒久の平和に寄与する」をまっとうすることである。特攻は、決して武勇伝ではないし国家の犠牲を煽るものでもない。特攻隊員は苦境に立たされた国・故郷・親子・妻・兄弟を守るため自己犠牲を厭わず戦死したのであり、自分たちが武勇伝や国家の犠牲を煽る先例となったら心外であろう。その二つは、特攻隊員たちへのあらぬ誤解を払拭することである。時として特攻隊員に対し、偏狭な愛国者や軍国主義者、侵略者の代表的存在、自殺や犬死に過ぎないなど、心無い評価を耳にすることがある。ニューヨークでの9.11同時多発テロのとき、ブッシュ米国大統領ですらワールド・トレードセンターに旅客機が突っ込むのを見て愚かにも「神風だ」と言い、特攻隊員はテロリストだとの誤解を招いた。また、彼らの直筆の書のなかにも多く出てくる死後の行き場としての靖国神社についても、暖衣飽食にあって自己中心的でわずかな自己犠牲すら厭う現代人の軽薄な議論や政治・外交カードとしてこの地を汚してほしくない。特攻隊員の多くは、他のために命を賭すという究極的な自己犠牲の精神を発揮し、国・故郷・親子・妻・兄弟などを守ろうとした、侵略とは無縁の平和を願う神的存在の人々である。この点が見学者に伝わるように、平和会館のさらなる充実を期待したい。

〔参考・引用資料〕

「知覧特攻平和会館ＨＰ」http://www.chiran-tokkou.jp/about/heiwakaikan/index.html（平成26年2月26日検索）他、特攻関係の著書多数を参照した。

（2）戦後の進歩主義的な博物館
―ピースおおさか大阪国際平和センター、立命館大学国際平和ミュージアム―

①　ピースおおさか大阪国際平和センター

ア　ピースおおさか大阪国際平和センターの概要と特徴

ピースおおさか大阪国際平和センター（以下、センター）は、大阪ＪＲ環状線の森ノ宮駅下車西へ徒歩５分の大阪城公園内にある。このセンターは、「大阪府民・市民と国内外の人々との間の相互交流を深めることを通じて、大阪が世界の平和と繁栄に積極的に貢献する」ことを理念とし、財団法人大阪国際平和センターにより１９９１年７月19日に設立された。総入館者数累計において小・中・高校生の占める割合は64％であり、毎年５万人以上もの児童・生徒が見学するこの施設は、学校教育の体験・経験学習の場として重要な役割をはたしている。

センターはモダンな建築様式による建物であり、特にさまざま形をした屋根がその特徴である。

この屋根の形状は、「多様なものが相互に認め合って同時に存在し得る世界であることを表現している」とのことである。地上三階からなり、1階では満州事変から第二次世界大戦までの「15年戦争」について、2階では「大阪空襲と人々の生活」について展示されており、3階は「平和の希求」をテーマに映像コーナーや図書室などが設置されている。2階の「大阪空襲と人々の生活」についての展示は、「50回以上におよぶ大阪空襲の実態を明らかにするとともに、戦時下の生活の具体的な再現を通して、国内における戦争の悲惨さを実感できるよう」意図されたものである。日本が受けた空襲の全体像、被弾により破壊された物品、リアルに再現された模型・絵などの工夫された展示は、子どもたちを含む後世の人々に空襲の悲惨さや平和の大切さを知らせる適切な機会を提供している。1階の「15年戦争」についての展示では、「アジア・太平洋地域を中心とした戦争の実相」「広島・長崎に投下された原爆の恐ろしさ」「アウシュビッツに見られる戦争の非人間性」などが取り上げられている。

センターを運営する財団法人大阪国際平和センターには、大阪府・大阪市が設立時の基本金2億円を拠出している。また、毎年センターの事業費として両自治体が約1億円拠出しており、これは事業費収入全体の約95%にあたる（平成23年度予算）。これらのことから、主として国民の税金によって当センターは設立・運営されていると言ってもよい。

イ　ピースおおさか大阪国際平和センターの課題

本施設の課題は、国民の税金で運営されているとは思えない1階の展示における改善すべき二つの自虐性にある。その一つは、ナチスドイツの展示と並行させることにより、日本がドイツと同様の戦争犯罪国家だとの印象を与える自虐性である。日本の戦争博物館なのに、なぜこうも「あの戦争」において弁解の余地のない戦争犯罪国家ドイツの展示に力を入れ日本とダブらせて展示をするのか。しかも、展示の最後はアウシュビッツコーナーで締め括られている。ドイツと日本とでは、国家としての戦争犯罪性という点で天地ほどの相違があることは自明である。その二つは、中国・韓国の立場からの展示による自虐性である。各種写真のキャプションにおいて、学問上論争のある「創氏改名」「強制連行」「毒ガス・細菌兵器の使用」「三・一独立運動」などについて中国・韓国の側に偏した説明がなされている。おそらくこれらの展示を見れば、日本の戦争犯罪を実際以上に重大なものと捉えてしまうであろう。

以上の1階に見られる二つの自虐性による展示は、日本の博物館でありながら児童・生徒に偏った戦争観を与える危険性をもたらす。また、センターの設置理念である「大阪府民・市民と国内外の人々との間の相互交流を深めることを通じて、大阪が世界の平和と繁栄に積極的に貢献する」ことは、決して自虐的になって相手国のご機嫌をとることではない。外国の戦争博物館においては、国民の税金で運営されているこれらの施設が自虐的であるような例はまずない。ただ、これでも中国などによる捏造写真が展示されていた数年前の展示より、まだ改善されてきたほうであることも付け加えておく。けれども、貸し出しビデオなどに捏造・宣伝とされるものが多く残っている点など気になることは多い。

〔参考・引用資料〕

・「展示のしおり」ピースおおさか大阪国際平和センター

・「大阪国際平和センター（年齢別）入館者調べ」２０１１年8月31日

②　立命館大学国際平和ミュージアム

ア　立命館大学国際平和ミュージアムの概要と特徴

立命館大学国際平和ミュージアム（以下、ミュージアム）は、「世界で初の、日本では唯一の大学立の平和博物館」である。「人類的諸課題を解決して平和な世界をつくるために大学が果たすべき社会的責任を自覚し、平和創造の主体者をはぐくむための研究や教育をいっそう発展させること」を目的として１９９２年に大学内に開設され、個人や団体の誰もが入場可能である。

地下一階、地上四階からなる立派な建物で、地下1階「平和をみつめて」と1階「平和をしらべる」および2階「平和をもとめて」などからなる。ミュージアムの中心は地下1階「平和をみつめて」であり､テーマ1「十五年戦争」とテーマ2「現代の戦争」のセクションに分かれている。テーマ1「十五年戦争」には、「軍隊と兵士」「国民総動員」「植民地と占領地」「空襲・沖縄戦・原爆」

「平和への努力」の五つのコーナーがある。写真・出版物・模型など多数の貴重な展示物や戦争時の庶民生活の再現施設などがあり、子どもでも興味深く見学できるようになっている。テーマ2「現代の戦争」は、「2つの世界大戦と戦争をふせぐ努力」「植民地の独立と冷戦」「冷戦後の戦争」「兵器の開発」「現代の地域紛争」の五つのコーナーがある。写真・新聞などによる戦後の平和の危機や紛争の悲惨さなどの展示は、現在および将来における平和創造の大切さを強く意識させる。1階「平和をしらべる」では「国際平和メディア資料室」などがあり、平和の問題についてより深めた学習・調査ができる。2階「平和をもとめて」は、平和創造のための市民活動などの紹介の場となっている。

少子化でどの大学も経営難や経営不安にさらされるなか、収益性にこだわらず平和創造という目的のためにこれほどの投資ができる立命館大学に対しまずもって敬意を表したい。また、真実を探究する役割を担う大学の施設であるだけに、明確な虚偽や誤った展示は見当たらない。

イ　立命館大学国際平和ミュージアムの課題

大学立であれば明確な虚偽の展示がないことに留まらず、客観性や中立性というさらなる学術的水準を目指すために、東京裁判史観や左寄りに過ぎる点の修正が本施設の課題である。

東京裁判史観に代表されるように、「あの戦争」は正義である連合軍が悪である侵略国家日本を成敗したとの観点に偏り過ぎるきらいがある。その例を、2~3列挙してみたい。1937年からの中国との全面的戦争に関わって、「この戦争のゆきづまりを切り開くため、1941年12月にはアメリカ、イギリス、オランダに戦争をしかけ」とのキャプションは、真珠湾攻撃について当時の国際情勢や経済的動機を捨象した一面的なものである。「なぜゆきづまったのか」「しかけたのか、しかけさせられたのか」など、真実の探究を目指す大学の施設らしい多面的・多角的なキャプションであってほしい。軍隊慰安婦について「だましたり、強制したりして、本人の意思に反してあつめられることが多かった」、沖縄戦住民被害について日本軍が「住民をスパイとみなし虐殺したりした」とのキャプションも、そのような歴史観が色濃く出たものであろう。前者については「誰がだましたり強制したりしたか、多かったとは慰安婦の何%なのか」を表現すべきであり、後者については「20万人近い沖縄戦の犠牲者のうち99%がアメリカ軍の侵略により虐殺・殺害された」との認識に立脚するのが、より正確なキャプションだと言えるのではないか。朝鮮戦争のはじまりのキャプション「それぞれの立場から民族の統一をめざした　1950年6月25日　北朝鮮はソ連の支持を採りつけ38度線をこえ南に攻め込んだ」について、民族の統一を目指そうが、ソ連の支持を取りつけようが、北朝鮮が侵略し朝鮮戦争が起きたのは事実であり北朝鮮側に正当性などない。ベトナム戦争のキャプション「ベトナム戦争では日本はアメリカにつぐ戦争犯罪人とまでいわれた」は、日本ではなく万単位のベトナム人を虐殺・レイプした韓国兵こそアメリカに次ぐ戦争犯罪人であると修正すべきではないのか。

ミュージアムの職員に展示物の選択やキャプション作成の担当者を訪ねたところ、ボランティア的な有識者などであるが最終的には大学の委員会が決定し責任を有するとのことであった。2009年4月から12月までの入館者状況によれば、有料団体入館者の84%が小・中・高等学校生だということである。館内ガイドを担当する人の語りも、冷静な判断ができず特定の価値観やイデオロギーに染まりやすい児童・生徒にとって、情緒的・一面的に過ぎるきらいがある。政治的中立に立脚し「歴史的事象を公正に判断」させる初等中等歴史教育の意義・目標をよく踏まえ、大学立として体験・経験学習に相応しい場へと若干の修正を期待するものである。

〔参考・引用資料〕

・「立命館大学国際平和ミュージアム　MUSEUM　GUIDE」立命館大学国際平和ミュージアム

・「立命館大学国際平和ミュージアムニュースレターVol.26　2010.5.18」「国際平和ミュージアムだよりVol.17-3　2010.3.10」いずれもミュージアム発刊

(3)　中立的な博物館　―長崎原爆資料館、沖縄平和祈念館―

①　長崎原爆資料館

ア　長崎原爆資料館の概要と特徴

原爆資料館と言えば誰しもが「広島平和記念資料館」を想起するが、ここでは敢えて「長崎原爆資料館」を取り上げる。広島平和記念資料館が1955年に開館されたのに対し、長崎原爆資料館は長崎市の原爆被爆50周年記念事業のひとつとして１９９６年に開館された。それまでは長崎国際文化会館に置かれた小規模な施設であり、被爆関連資料の展示物も少ないうえに広島で展示されているものと同じものが多くあるなど広島と比較するとあまりに貧弱であった。現在の長崎原爆資料館は立派な施設となっており、社会科の体験・経験学習の場として紹介する。

１９４５年8月9日の午前11時2分、広島に続き長崎にＢ29（ボックス・カー）より原子爆弾が投下された。ファットマンと呼ばれるズングリしたプルトニウム型（広島はリトルボーイと呼ばれるウラニウム型）原子爆弾は、爆風や熱線で一瞬にして7万人以上もの命を奪った。その後に放射線被害などにより亡くなった方を含めれば犠牲者は10万人にものぼり、現在も多くの方々が被爆の後遺症に苦しんでいる。平和公園や原爆落下中心地などの原爆関連施設のなかにあって、戦争の悲惨さ、原爆の恐ろしさ、平和の大切さを後世に語り継ぐ目的で、長崎原爆資料館は被爆資料などを展示している。

地下1階の正面玄関を入ると、そこはミュージアムショップや喫茶コーナーなどが併設されたホールとなっている。目指す常設展示室はホールからループ状の階段を降りた地下2階にあり、そこは「１９４５年8月9日」「原爆による被害の実相」「核兵器のない世界を目指して」の三つのコーナーよりなっている。地下2階の常設展示室からスロープを上って地下1階のホールに戻る途中に「ビデオルーム」があり、そこでは米国調査団が撮影した原爆被災の記録を編集した「ながさき原爆の記録」などが上映されている。

「1945年8月9日」のコーナーでは、被爆前の爆心地である長崎浦上地区などの写真と被爆の瞬間時刻11時2分を指して止まった柱時計の展示が印象的である。「原爆による被害の実相」のコーナーでは、浦上天主堂の惨状など熱線や爆風による生々しい人的・物的被害などが被災資料や写真などによって再現されている。また、被爆者の訴えが絵画やビデオで紹介されたり、当時長崎医科大学助教授であり自らも被爆し6年後に死亡した永井隆博士の献身的な負傷者救援や原爆障害への研究も紹介されたりしている。「核兵器のない世界を目指して」のコーナーでは、核兵器開発の歴史や核兵器の現状および廃棄に向けた課題などについて説明されている。

長崎原爆資料館の特徴は、ストーリー性があり若い世代が関心を持てる展示によって平和を希求することにある。展示におけるストーリー性とは、原爆投下に至る原因、原爆投下の実態、原爆投下後の核開発や核軍縮の経緯、将来に向けての平和の希求という展示のプロセスと見学順路のことである。若い世代が関心を持てる展示とは、遺品・被爆資料・写真・映像・再現造形などを用い身近で切実かつ分かりやすいことである。これらの特徴は、「長崎市民平和憲章」での「長崎を最後の被爆地としなければなりません」という決意の実現には是非とも必要である。なぜなら、断片的な知識より原因・結果・対策などのストーリー性の中からこそ再発防止の英知は生み出されるし、将来のことは未来を担う若い世代にかかっているからである。

イ　長崎原爆資料館の課題

この資料館の課題として、以下の二点をあげておきたい。その一つは、誰がどうして原爆を投下したかをより明確にすることである。「核兵器のない世界を目指して」のコーナーの最初の展示が「日中戦争と太平洋戦争」であり、その一節に「日本の南進政策は英米仏蘭との対立をまねき、より過酷な太平洋戦争へと国民を導いた」とある。このことは、あたかも原爆投下の原因が日本の南進政策にあるかの如く認識させ投下は必然の感を抱かせる。百歩譲って日本の南進政策が原因だとしても、国際法上許されない民間人虐殺である原爆投下を容認することにはならない。要するに、原爆を落としたのは米国であり、投下の正当性は何もないことを展示でより明確にすべきだということである。ただ、原爆死没者慰霊碑の「安らかに眠って下さい　過ちは繰返しませぬから」という加害と被害とを混同したり、米国にとって本音の原爆投下の理由にほとんど言及したりしていない広島よりましかもしれない。長崎原爆資料館では、米国にとっての原爆投下の理由を「早期終戦のためと言われているが、20億ドルを投じたマンハッタン計画を誇示する目的もあった。また、ソ連との冷たい戦争の最初の作戦という性格も持っていた」と説明している。その二つは、放射線被爆の被害をより強く打ち出すことである。「原爆による被害の実相」のコーナーに「放射線による被害」として極端に肥大した被爆者の脾臓などの展示はあるが、戦後の米国による情報管制および現在の日米安保による「核の傘」の恩恵などであろうか、事態の深刻さからすれば充分とは言えない。長崎市民平和憲章にある「核兵器の脅威を世界に訴え、世界の人々と力を合わせて核兵器の廃絶」のためには、チェルノブイリや福島原発のことを想起しつつ、放射線の脅威をどれほど訴えても訴え過ぎることはない。

〈参考・引用資料〉

・『ながさき原爆の記録　第7刷』長崎市、２０１１年10月。

・長崎市　平和・原爆　長崎原爆資料館ＨＰ　http://nagasakipeace.jp（平成27年11月27日　検索）

②　沖縄平和祈念館

ア　沖縄平和祈念館の概要と特徴

沖縄平和祈念館は、「戦争の犠牲になった多くの霊を弔う、沖縄戦の歴史的教訓を正しく伝える、全世界の人々に心を訴え恒久平和の樹立に寄与するなど」を理念として、那覇市内から南方約20キロの摩文仁の丘のふもとに設立された。立派な施設の1階には平和祈念ホール（２３１席）・企画展示室・情報ライブラリー・子どもプロセス展示室などがあり、未来を支える子どもたちの平和学習を意識した施設となっている。2階には「沖縄戦への道」「住民の見た沖縄戦〝鉄の暴風〟」「住民の見た沖縄戦〝地獄の戦場〟」「住民の見た沖縄戦〝証言〟」「太平洋の要石」の5室からなる常設展示室などがあり、後世に戦争の悲惨さを伝える戦争関連施設となっている。

沖縄平和祈念館と隣接して、沖縄戦で犠牲になった6つの国や地域２４１、４１４名の名が刻まれた「平和の礎」がある。その周辺および南の摩文仁の丘は広々とした平和祈念公園となっており、都道府県が設置した慰霊碑などの建造物がある。摩文仁の丘からは青々とした美しい沖縄の海が眺望できる。１９４５年3月末、この美しい海を50万人が乗船した1、５００隻からなる米軍の船団が雲霞の如く埋め尽くした。この丘からドス黒い船団を見た当時の沖縄の人々の気持ちを想像するにつけ、「恐怖」「絶望」「茫然」など身震いのくる思いや言葉が彷彿される。

2階の常設展示室のコンセプトは「沖縄の歴史的体験と、平和への教訓を次代へ継承する」とされ、沖縄戦下の住民の悲惨な「歴史を体験するゾーン」となっている。展示は、パネル・実物資料・モニター・ジオラマなどからなる。第一展示室の「沖縄戦への道」では、琉球藩が廃止され沖縄県となってから沖縄戦突入までの歴史が円形の壁に展示されている。第二展示室の「住民の見た沖縄戦〝鉄の暴風〟」では、「鉄の暴風」と呼ばれる住民一人当たり50発という砲弾が降り注ぐなかでの沖縄戦の激しさや住民の悲惨さが展示されている。第三展示室の「住民の見た沖縄戦〝地獄の戦場〟」では、沖縄戦に巻き込まれた住民の実態が、「地下（ガマ）と地上（死の彷徨）」の二つのコーナーにおいて人形などでの再現や写真などにより展示されている。第四展示室の「住民の見た沖縄戦〝証言〟」では、沖縄戦に巻き込まれた住民１４５人の証言文が展示されている。第五展示室の「太平洋の要石」では、戦後の米軍占領下から１９７２年の日本復帰までの沖縄住民の苦難について、当時の状況が様々な模型や人形などでリアルに再現されている。１階の各施設のコンセプトは

「沖縄の視座から、平和を発信する」とされ、主に子どもが平和学習として利用する「未来を展望するゾーン」である。子どもたちが未来に向けた平和創造に参画する資質を身に付ける場となるよう、発達段階に合わせた利用型の展示施設となっている。主たる施設の「子ども・プロセス展示」は、気づく（事実を知る）コーナーである「プロセス系展示」と、感じる（感覚的につかむ）コーナーである「子ども系展示」の二つからなる。

沖縄戦では破壊の限りを尽くした戦いとなったため、残存する戦争関連の実物が少ないと言われる。そのため、模型や人形による再現、戦争体験者による証言、米軍側の撮影したビデオや写真などを中心とした展示となる。国内外のすべての戦争博物館というものは、設立目的や立場および価値観・イデオロギーによって左右される。そして、戦争関連の実物が少なければ一層客観的な事実から乖離し展示が意図的になりやすい。沖縄平和祈念館の特徴を簡潔に述べれば、沖縄戦における沖縄県民の犠牲や苦しみを後世に伝えることで、「未来」「子ども」「学習」などをキーワードとしつつ平和を発信するための施設だと言える。

イ　沖縄平和祈念館の課題

沖縄平和祈念館の特徴に強く共感するが、現在および将来において、それが憲法改正や沖縄基地問題など政治的・イデオロギー的対立の具にされないよう祈るばかりである。沖縄平和祈念館では、県民の大多数を殺戮し悲惨な状況に陥れた米軍に対する非難に比べ、何らかの理由でごく少数の自国民を殺害した日本軍への非難の割合が高い。日本軍の沖縄県民に対する問題行為については諸説あるので、何らかの意図に巻き込まれながらそれを必要以上に強調することは控え、祈念館には政治的・イデオロギー的対立から自由な平和創造の場としての役割をしっかりとはたしてほしい。特に、沖縄では特定のメディアや団体の影響が強く、それらに反論し難い同調圧力があると聞くのでなおさらである。

〔参考・引用資料〕

・『資料館学習の手引き』沖縄県平和祈念資料館、2001年3月。
・沖縄県平和祈念資料館　www.peace-museum.pref.okinawa.jp/（平成28年11月5日検索）

第3節　社会科教育と日本の戦争博物館

戦争博物館には、学習指導要領「社会」の目標である「グローバル化する国際社会に主体的に生きる平和で民主的な国家及び社会の形成者として必要な公民としての資質・能力」や「我が国の国土と歴史に対する愛情」を育むための体験・経験的な学習の場などとして相応しくあってほしい。「第Ⅱ編」の「第3～9章」で紹介したアジアの主たる戦争博物館は、「国内外の政治的状況」「経済的利害」「博物館の設立主体の目的・価値観・イデオロギー」「〝あの戦争〟に関連する歴史的経緯の相違」に影響され、歴史の真実を探究する歴史教育の場として程度の差はあれ必ずしも客観・公平・中立でないとした。このようなアジアの戦争博物館の実態は、これまで紹介してきた六つの戦争博物館を含む日本の多くの博物館にも大なり小なり当てはまるように思う。よって、社会科で「あの戦争」を教える場合に戦争博物館を体験・経験的な学習の場とするなら、授業者は以下の点をしっかり吟味して利用する必要があろう。

・体験・経験学習の重視ゆえに、活用対象とする戦争博物館の持つ政治や歴史などの影響による性質の吟味

・戦争教材として、地域の戦争博物館など身近なものが興味・関心を喚起したり自分の問題として捉えたりできると認識し、そのための効果的な活用法の吟味

・戦争博物館のあり方が多様であるのは避けがたいとしても、明確な虚偽の展示だけはしないという良識やコンセンサスが博物館にあるかどうかの吟味

・戦争博物館の背後にある経済的利害がどのようなものであるかの吟味

・国際連合憲章など国際法による法の支配に基付き、戦争博物館に平和の維持・強化を最優先するとの観点が堅持されているかどうかの吟味

地域には多くの戦争関連博物館などの施設があるので、常にこれらの点を吟味し配慮した指導をすることにより、体験・経験的な学習の場として積極的かつ有効に活用したいものである。

第Ⅲ編「社会科における〝あの戦争〟の指導事例の提案」

本編は、「あの戦争」の指導事例として二つの章からなる。第11章「〝あの戦争〟をどう教えるか（その一）―経済教育の視点から―」では、戦争の主な原因を「経済」に求め、「経済教育」の視点から戦争を平和的に解決する力の育成を試みる。第12章「〝あの戦争〟をどう教えるか（その二）―地域教材活用の視点から―」では、「地域教材」の活用により戦争を卑近の問題として捉えさせることで戦争を回避する力の育成を試みる。

様々な事情により、「あの戦争」を正しく理解し教えることは難しい。また、「あの戦争」は遠い過去・遠い場所のことだとして実感が持てず、知識理解や理想論・抽象論に留まりがちである。それらを克服すべく、各々「経済教育」「地域教材」の視点から具体的事例を示す。

第11章　「あの戦争」をどう教えるか（その一）―経済教育の視点から―

戦争も損得で動く人間の所業であるがゆえに、その真実は経済を切り口にすると意外に見えてくる。「あの戦争」を正しく理解させる教材として、経済的意思決定能力の育成を目標とする「経済教育」の導入を提案する。

ハワイの真珠湾に浮かぶアリゾナ記念館と海底に残骸を晒す戦艦アリゾナ

第1節　戦争と経済

歴史の授業で戦争を取り扱う場合に、必ずその原因に言及するであろう。戦争の原因は歴史認識の形成に大きく影響するため、歴史教育のあり方にとって極めて重要である。ところが、たとえ侵略戦争であっても自衛のための戦争だと言いくるめる例は枚挙に暇がない。どの国の歴史教育においても、関係した戦争の原因を無条件に自国の非に帰する例はない。第二次大戦中に起きたドイツのユダヤ人虐殺ですら、あれはナチス党の犯罪でありドイツ国民に非はなくむしろ被害者だともしている。当時のドイツはワイマール憲法下にあり、そこでは20歳以上の男女すべてに参政権が与えられていた。そのドイツ国民が１９３２年の選挙でナチスを第一党とし、ナチス政権を誕生させた結果であってもそうである。

このような性格を持つ戦争原因について教える場合、小・中学校「社会」学習指導要領にもある「事実を客観的に捉え、公正に判断したりする」ために、どのような工夫や配慮が考えられるであろうか。その問いに対し、筆者は「経済の視点から戦争原因を探究する」という試みを主張したい。それは、「戦争という事象を含め人間社会というものは損得つまりお金で動く」という余りに人間的な側面に注目した試みである。「損得やお金」と耳にした瞬間、それは教育に馴染まないと思考停止する教育関係者は多い。そうである限り、損得やお金で動く人間社会の産物である「あの戦争」への正しい理解はできないし、ゆえに戦争を回避する力の育成にも限界がある。いつの世でも、戦争は経済が織り成す産物なのである。もちろん戦争の原因は経済だけでないが、どの戦争も必ず経済がその主要因を成す。「あの戦争」に関わらせ、その例として世界恐慌から「あの戦争」に至るまでの米国の政治・経済・外交政策を概観する。

「図」は、米国の世界恐慌後の失業率の推移と主な政治・経済・外交政策を示したものである。米国では恐慌後の失業率は1933年のF・ルーズヴェルト大統領によるニューディール政策で回復した、と授業などでは教えられる。ところが、この政策でいったん回復しかけた失業率は1938年には再度悪化し、実際に回復したのは中国の抗日戦援助や武器貸与法および「あの戦争」への参戦など、積極的に戦争にコミットしていく過程によってである。失業率が最悪となる1933年に向かう時期には、「①日本の侵略に反対し中国国民党政府への援助」「②ソ連邦の承認および国交回復」をしたが、これらの政策は軍需生産の拡大や海外市場の確保といった深刻化する失業対策を意図したものである。ニューディール政策によって失業率が回復しかけた1933～37年には、経済状況好転が「③フィリピンの完全独立の承認」「④中立法を制定し交戦国への軍需品を輸出禁止」「⑤中立法によりエチオピア戦争・スペイン内乱への不介入」など、孤立主義を大義名分とした内向きの政策に転ずることを可能にした。1938年に失業率が再度悪化しニューディール政策が限界になったとき、「⑥中国の抗日戦を援助し中国に陸海軍を配備」「⑦武器貸与法を制定し総額500億ドルの物資を貸与」など失業対策となる政策を行った。さらには、ルーズヴェルト大統領が不戦の公約を破ってまで参戦したことにより、完全に失業問題は解消された。

このような米国の政治・経済・外交政策は「あの戦争」の原因や展開を大きく左右するものであり、取り分け「失業率」という経済情勢がそれらの政策の決定的な要因だったのである。要するに、「あの戦争」に米国を向かわせたのは失業対策つまり経済なのである。

同じく、1939年の日米通商航海条約破棄を契機として、米国からの石油や鉄の輸入が完全に途絶え死活問題となった日本の経済事情が、日本軍を真珠湾や東南アジアに向かわせることになった。このように経済の視点から考えると、「日本が真珠湾奇襲という卑怯な手段を使って侵略戦争を始めた」とい

〈図〉米国の世界恐慌後の失業率の推移と主な政治・経済・外交政策

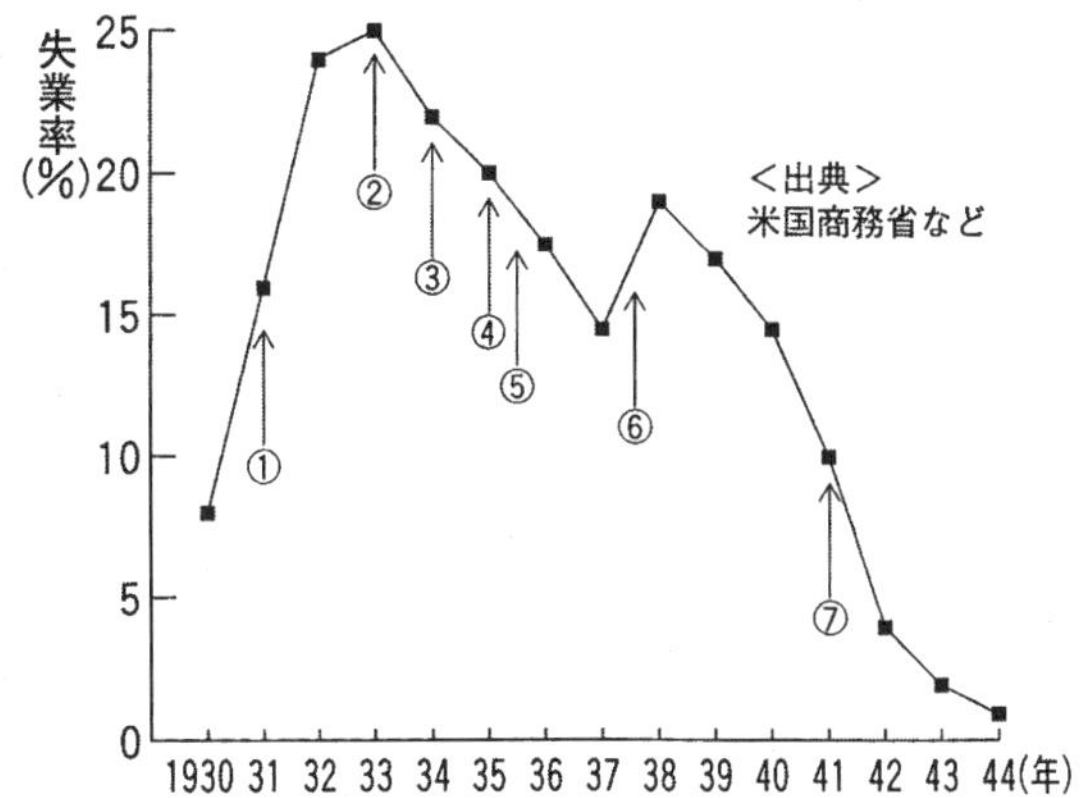

	年	主な米国の政治・経済・外交政策
①	1931	日本の侵略に反対し中国国民党政府への援助
②	1933	ソ連邦の承認および国交回復
③	1934	フィリピンの完全独立の承認
④	1935	中立法を制定し交戦国への軍需品を輸出禁止
⑤	1935・36	中立法によりエチオピア戦争・スペイン内乱への不介入
⑥	1937・38	中国の抗日戦を援助し、中国に陸海軍を配備
⑦	1941	武器貸与法を制定し、総額500億ドルの物資を貸与

注）「失業率のグラフ」における①～⑦の番号は「主な米国の政治・経済・外交政策」の①～⑦の番号に対応する

う「あの戦争」への見方も再評価されることになろう。あるいは、ＡＢＣＤ包囲網など存在せず通常の貿易を行っていたら戦争は起きなかった可能性が高いことから、どうしたら「あの戦争」を回避できたかも見えてくる。当時、日本への石油禁輸措置は戦争を起こす可能性が高いと関係当事国は皆認識していたのである。

虚実に論争のある南京虐殺が自己の経済利害による偏向証言で歴史的事実化されたこと、戦後40年も経過し日本が経済大国となって支払い能力が生じてから中韓による戦後責任・賠償問題が本格化してきたこと、日本による台湾・朝鮮半島・満州での統治時代にその地が飛躍的な経済発展をしたことなど、経済的な視点から改めて捉え直すと米国による日本占領下で形成された「あの戦争」への認識は修正を迫られることになる。以上のように、戦争やその原因に対しては経済の視点から考察・理解することが、真実に近付く最良の方法のように思われる。何しろ、戦争は損得つまりお金で動く人間のなせる業なのである。

第2節　「経済教育」の本質と意義

「経済教育」の定義には諸説あるが、筆者自身は「経済の基本的概念を学ばせ、様々な経済問題に対し合理的・倫理的に意思決定し平和的に解決しようとする市民性育成のための教育」と定義する。経済問題解決のために行われる経済的意思決定とは、「経済問題の把握」「経済目標の確認」「複数の問題解決方法の提示」「経済目標観点からの問題解決方法の吟味」「問題解決方法の実行と検証」などのプロセスからなる。世界恐慌後の植民地を持つ国々のブロック経済化が「あの戦争」の大きな原因となったように、経済問題は戦争にもつながる死活問題である。ゆえに、その平和的解決のための経済的意思決定能力を育成する経済教育は極めて重要である。

経済を「金儲け」「お金のやりくり」と捉え、人間性教育の役割を担い「道徳」「倫理」などを大切にしてきた学校教育にとって、これまで経済をタブー視する傾向があった。「学校にお金を持ってこない」「アルバイトは禁止」などの校則も、その一つの表れであろう。けれども、現代において、国家財政破綻の危機や経済格差の拡大など、国民経済の抱える経済問題は山積している。また、環境問題の深刻化や資源・エネルギーの枯渇など、グローバル経済が抱える経済問題も同様である。このような経済問題は、いずれも戦争にまで発展する可能性を内包するものである。両国で人口25億人という中国やインドの経済発展などと相俟って、われわれを取り巻く経済環境は未曾有の厳しさに見舞われつつある。経済問題を平和的に解決するための意思決定能力を育成する経済教育に対し、学校現場がこれまでのスタンスで良いはずはない。

ところで、経済問題の平和的な解決のために経済的意思決定はどのような基準でなされるべきであろうか。経済的意思決定は「利己的」「感情的」「刹那的」になされる傾向があり、このような意思決定が利害対立ひいては戦争を惹起させる。ゆえに、経済的意思決定は「合理的」「倫理的」「長期的」

かつ「冷静」に行われる必要がある。そのために最も必要なのは、「経済」の本質はその語源である「経世済民（世の中をおさめ人を救うこと）」であり、決して強欲な目先の金儲けではないということをしっかりと認識させることである。経済問題をどのように意思決定し解決したら利害対立する世の中をうまくおさめ人々を救うことになるかを常にその基準として考える、いわゆる経済的なものの見方や考え方を堅持するということである。

その観点に立脚し、戦争は損得つまりお金で動く人間のなせる業であることを想起しつつ、経済問題解決の失敗がもたらす最も大きな不幸である戦争を「経済教育」の例とし取り上げたい。つまり、「経済教育」の視点から「あの戦争」を教えることが必要なのである。

第3節　「経済教育」の視点からの「あの戦争」の教え方

なぜ、米国は広島や長崎に原爆投下したか。米国の歴史教育では、戦争を早期に終結させこれ以上多くの犠牲者を出さないためとされる。ゆえに、原爆投下を意思決定したトルーマン大統領は30万人の民間人虐殺者ではなく、ケネディ大統領に次ぐ名大統領と見なされている。一方日本では、歴史教育や広島平和記念資料館・長崎原爆資料館などではあまり強くこの戦争原因には言及していない。特にその傾向の強い広島では、平和公園にある記念碑に「過ちは繰り返しませぬから」などと、原爆投下の主体を誤るような表現すら刻まれている。このような状況では、冒頭の「なぜ、米国は広島や長崎に原爆投下したか」に正しく答えられない。また、その確かな答えなくして人類史上三度目の原爆投下を抑止することは難しい。近年、ウクライナ問題に対するプーチン大統領の原爆への言及、北朝鮮による核・ミサイル実験など、世界を震撼させる核の脅威も現実に起きている。

米国が原爆投下した理由は、世界から非難を受ける損を承知しつつも投下したほうが得だったからである。戦後の米ソ冷戦構造を有利に進めるため、核関連産業への波及的経済効果のため、20億ドルもの国家予算を使った成果を国民に示す必要があったため、など、そこにはいくつかの経済的理由が見え隠れする。そのことを背景として、「なぜ米国は原爆を落としたか経済的理由から考えてみよう」「どうしたら落とさずにすんだか経済的に考えてみよう」などを授業の課題としたい。これまでの「原爆は悲惨・残酷」の授業だけではその抑止にはならない。なぜなら、経済的な理由のために悲惨や残酷を承知の上で人々は戦争という愚かな行為を繰り返してきたからである。また、時間の経過とともに直接体験者が亡くなり、その悲惨さや残酷さも伝聞やバーチャルなものとなり「のどもと過ぎれば熱さ忘れる」時代となったからなおさらである。経済動機こそが戦争の最大の原動力となり得るのであって、それへの対処抜きの回避の試みはあまりに無力である。

「あの戦争」に関連して、本稿の「第2章（2）日本の戦争犯罪への検証と問題提起」で取上げた「真珠湾奇襲と侵略行為」「植民地支配」「南京虐殺など非人道的行為」「慰安婦」のテーマについても、「経済教育」の視点から教えることで新たな真実が見えてくる。例えば、日韓関係を深刻化させる「慰安婦問題」についても、慰安婦とは基本的に当時の極貧ゆえにやむを得ず行った商行為であり、彼女らは数年で相当額の財産を蓄積し家族を貧困や餓死から救うことができた。また、近年の東アジアで日中韓が展開する激しい経済競争において、慰安婦問題は中韓がそれを有利に運ぶための日本に対するマイナスの宣伝である。「植民地支配」についても、韓国は日本による統治を西大門刑務所歴史観や独立記念館といった戦争博物館の展示などにおいて「世界で最も残虐な植民地支配であった」と主張する。けれども、『朝鮮総督府統計年報』などに依拠すれば、日本の統治下にあった１９１０年から１９４３年までの間の朝鮮は、人口は倍増、鉄道敷設距離は60倍、ＧＤＰは4倍、貿易額は20倍、識字率は6倍などに成長し、国民生活は李氏朝鮮時代と比較すれば飛躍的に向上したとされる。これらの経済関連指標や国民経済の実態からすれば、「世界で最も模範となる併合統治」としたほうがより正確なことが理解される。韓国には経済という現実を超えた何ともいえない「恨（ハン）」という感情があり歴史を冷静に分析理解することの妨げとなっているが、それでも経済からのアプローチを積み重ねていくことが他のどの方法より説得的であろう。損得という経済的な本音を抜きにして議論しても対立を合意につなげることは難しいという現実を、われわれは日常の経験によっても承知しているはずである。誤解を恐れずに言えば、加害者・被害者の気持ちのみに捉われている限り「あの戦争」の真実は見えてこない。

以上のように、経済からアプローチすれば「あの戦争」に関連する真実が新たに認識される例は枚挙に暇がない。経済的事実を抜きにして悲惨・残酷だと唱えるだけの「あの戦争」についての教育では、「国際平和の維持・強化」という教育目標の達成は難しい。戦争を話し合いによって回避する力を子どもたちに育成するには、「経済教育」により戦争を経済の視点から思考・判断させ、経世済民を目指した解決の道を探究する経済的意思決定能力育成のための教材が効果的だと提案しておきたい。

第12章　「あの戦争」をどう教えるか（その二）—地域教材活用の視点から—

卑近であり学ぶ必要性や意義・達成感の感じられる教材が、子どもの興味・関心を喚起し教育効果を高める。「あの戦争」を教えるのに地域教材こそがそれに相応しく、そのような教材は身の回りに意外に多くあり活用が望まれる。

愛知県半田市・武豊町周辺地図

名古屋市
伊勢湾
半田市
知多半島
武豊町
三河湾
渥美半島

武豊町長尾戦没者慰霊墓地　（注）平成30年改修工事前

第1節 地域教材の意義

「あの戦争」に関連した教科書の記述について、その内容と子どもとの間に時間的・空間的距離が存在するように思われる。つまり、教科書に「広島・長崎に原子爆弾が投下された」「東京・横浜・神戸が空襲で燃えた」「真珠湾奇襲」などと書かれていても、それを学習する多くの子どもにとって過去のことであり遠くのことであるので実感できない。学習指導要領に依拠した全国版の教科書では、子どもに興味・関心を抱かせ教育効果を高める「卑近」「切実」「必要」「達成感」などの教材としての要素は欠如したものになりがちである。

このような教科書記述の限界を補い、「国際平和の維持・強化」に資する力を育成するという教育目標を達成するため、「あの戦争」を教える方法として地域教材の活用を考えたい。どの地域であっても、教える側が想像する以上に「あの戦争」に関連する地域教材は多く存在している。子どもの通学路や居住地などの生活空間においても、あるいは社会見学ということで少し足を伸ばせば、戦争遺跡・文献・戦争関連博物館や資料館など多く見つかる。それらを教材化することで時間的・空間的な距離は一気に埋まり、子どもにとって身近で切実な学ぶ必要性や達成感の感じられる「あの戦争」の学習となる。また、学習指導要領にもある「地域の実態や特性の活用」「博物館や郷土資料館などの施設の活用」「観察や調査などの体験的な活動」などにもなる。

戦後70年が経過し戦争の直接体験者のほとんどが鬼籍に入り、これまで多く授業実践されてきた体験者からの聞き取りも難しくなってきている。また、教える側も戦争は遠い過去のこととして実感が持てない世代となっている。そのような時代や状況だからこそ、「あの戦争」を学習することによって「国際平和の維持・強化」に資する力を育成するために、地域教材の活用やその意義の重要性を主張したい。地域教材は直接触れ五感を使った学習となるため、社会的事象への調べ方・学び方や見方・考え方を身に付けることにもなろう。さらに、それらは地域社会の一員としての自覚や地域社会の発展を願う心を育てることにもなり、その同心円的拡大により国や国際社会にまで波及すれば「国際平和の維持・強化」へと敷衍化していく。

第2節　地域教材活用の視点からの「あの戦争」の教え方

筆者の住む愛知県知多郡武豊町を例として、「あの戦争」についての地域教材活用の実際例を二つ示す。武豊町は、名古屋市から南へ約30キロにあり知多半島の中央に位置する。人口約4万人の古くから良港やJR武豊線といった交通の便に恵まれた醸造の町であり、北には半田市が隣接し、西には中部国際空港（セントレア）のある常滑市が隣接する。武豊町には4小学校・2中学校・1高等学校があり、ここで紹介する地域教材活用の実際例はそれらの教育現場での実践の可能性を想定している。

（1）　武豊町における「あの戦争」の地域教材（その1）

終戦間近の1945年7月24日、マリアナ基地、硫黄島、空母から飛び立った米軍2000機（グラマン１４００機、Ｂ29爆撃機６００機）による「あの戦争」開始以来、最大と言われる本土大空襲が行われた。絨毯爆撃の創始者として非人道的行為をしたマリアナ第20航空軍司令カーチス・ルメイによるもので、６００機のＢ29爆撃機のうち約３００機が名古屋市および半田市を襲った。

半田市が標的とされたのは、市内にあった航空機全国総生産の７％を占める中島飛行機半田製作所を空襲・破壊するためであった。高性能偵察機「彩雲」生産の中心工場となっていた半田製作所では、全国からの徴用・動員を含む２６、０００人の従業員が働いていた。午前10時頃から１時間に及ぶ空襲により２５０kg爆弾が２１４０個投下され、そのうちの28発がそれて武豊町の名鉄「上ゲ」駅周辺に投下されることになった。空襲による犠牲者は２７０名とされるが、半田市では工場に投下されるはずの爆弾が曇のため視界が悪く風の影響もあって北西の住宅地にそれたため、80人ほどの民間人犠牲者を出した。武豊町でも確認されているだけで18人の民間人犠牲者を出した。米国側の言い分によれば、高度７、０００ｍ以下における昼間での空爆は目標から３００ｍ以内に爆弾の35～40％はおさまるのであり、民間人を狙ったものではないとのことである。けれども、現実には工場から２㎞も離れた半田市北部の住宅地に落ち、武豊町の場合は４㎞も離れた「上ゲ」駅周辺の住宅地に落ち民間人犠牲者が出た。

武豊町の当時の状況および犠牲者については、「半田空襲と戦争を記録する会」編による『半田の戦争記録』などの出版物や筆者が行った直接体験者からの聞き取りおよび関連遺跡の調査によりかなり詳細に判明している。また、武豊町が管理する長尾墓地、名鉄「上ゲ」駅北の踏切、半田市雁宿公園などに、犠牲者を弔う観音像や石碑などの施設が残されている。そして、犠牲者の孫や曽孫などにあたる人々が被爆当時と同じ場所で今も生活を営んでいる現実が子どもたちの通学路途中にある。当時「上ゲ」駅周辺に住んでいて直接体験した人からの聞き取り調査によれば、子どもを含む数人の犠牲者の遺体が棺もなくミカン箱に入れられその隙間から血が滴っていた、名鉄の線路がアメのように折れ曲がっていた、爆弾の破片で足のもぎ取られた老女の死体が線路脇の溝に横たわって

名鉄上ゲ駅犠牲者追悼観音像（踏切事故による犠牲者も含む）

いたなど、悲惨な状況があったそうだ。前述した『半田の戦争記録』などにも、多くの生々しい証言が載せられている。

以上のことを、7月24日の半田市を含め武豊町空襲に関する地域教材作成のための情報として述べておく。なお、半田市は7月15日にも戦闘機による機銃掃射を受け8人の犠牲者を出している。そのときの弾痕が名鉄「住吉町」駅の東約200メートルのところにある半田市赤煉瓦建物(旧カブトビール工場)の外壁に残っており、貴重な戦争遺跡として半田市が買収し保存している。また、中島飛行機半田製作所工場に徴用・動員され労働していた人々は、1944年12月7日の東南海地震による工場の崩壊で多くが犠牲になった。これらの人々も戦争犠牲者とすれば、約500人が半田・武豊地域におい

半田市赤煉瓦建物の壁面に残る弾痕

て戦争により亡くなった。

これまで述べた武豊町（半田市も含む）の戦争関連遺跡や情報をもとに、「あの戦争」の地域教材化のあり様として以下のような活動が考えられる。

・地域の戦争関連遺跡見学と調査（武豊町長尾墓地、半田市赤レンガ、半田市雁宿公園など）

・武豊空襲地域の散策と聞き取り調査（名鉄上ゲ駅周辺、空襲地域・コースの遠景、防空壕・爆弾投下痕地など）

・戦争関連資料の収集とまとめ（武豊図書館、町役場、歴史民族資料館などでの戦争関連資料や情報の収集）

このような活動の成果をもとに、「国際協調や国際平和の実現」の観点から思考・判断・表現させるための多様な授業展開が考えられる。

(2) 武豊町における「あの戦争」の地域教材（その2）

武豊町谷口に、この町で最大規模を有する武豊町長尾墓地がある。墓地入口のすぐ右手に、この町から出征した軍人・軍属の戦没者の墓碑１４４基が整然と並んでいる（本章の最初の頁の写真を参照）。表の「1、戦没地」「2、戦没年」「3、戦没時年齢」は、この１４４基の戦没者について墓石調査を行った結果を集計したものである。

1、戦没地

国・地域	人数	国・地域	人数
日本国内(沖縄４)	18	北方領土(択捉島)	1
朝鮮半島	0	ビルマ	3
中国	30	マレーシア	1
フィリピン(バシー海峡４)	40	ロシア(シベリア２)	3
インドネシア	6	タイ	1
ソロモン諸島(ガダルカナル４、ブーゲンビル６を含む) 12 ニューギニア(ラバウル１を含む) 9　　ビスマルク諸島 1 マーシャル諸島 1　　マリアナ諸島(サイパン２を含む) 7 不明(南シナ海１、チュウブ太平洋１、インド洋１、南方方面１、南洋諸島１、戦病死１と標示を含む) 11 備考：小笠原諸島 0、ロシアはいずれも抑留死			

2、戦没年

戦没年区分	人数
～昭和16年12月7日	1
昭和16年12月8日～昭和17年12月31日	3
昭和18年1月1日～昭和18年12月31日	11
昭和19年1月1日～昭和19年12月31日	44
昭和20年1月1日～昭和20年8月15日	58
昭和20年8月16日～	26
不明	1

3、戦没時年齢

戦没時年齢	20歳未満	20歳〜22歳未満	22歳〜24歳未満	24歳〜26歳未満	26歳〜28歳未満	28歳〜30歳未満	30歳〜32歳未満	32歳〜34歳未満	34歳〜36歳未満	36歳〜38歳未満
人数	3	5	19	27	20	10	13	16	5	8
戦没時年齢	38歳〜40歳未満	40歳〜42歳未満	42歳〜44歳未満	44歳〜46歳未満	不明					
人数	4	5	3	2	4					

〈図〉 武豊町長尾墓地における軍人・軍属戦没地

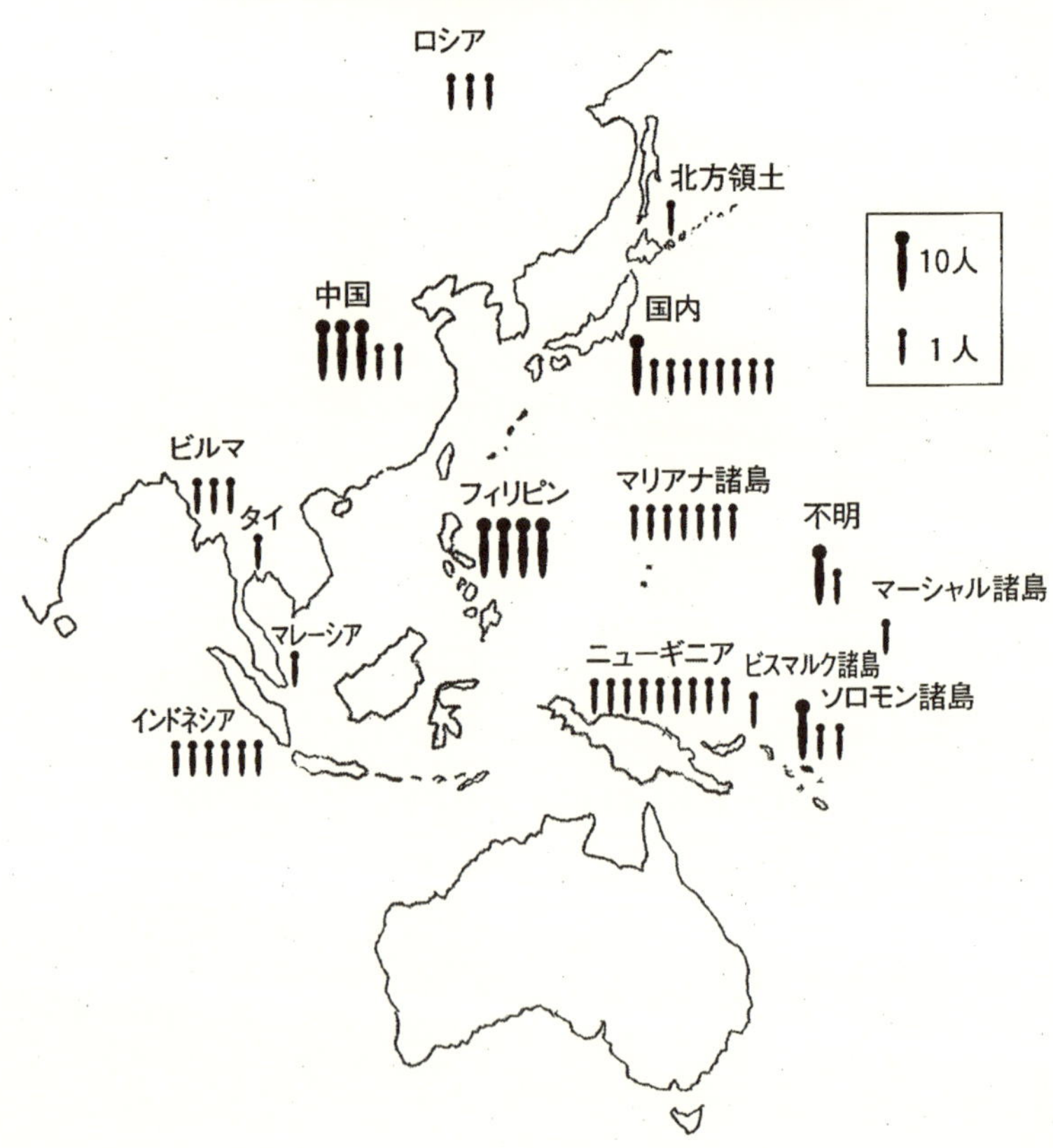

この結果などから、次のような発問によるクラス討議や調査・研究・発表などを行わせたい。
・戦没地を地図上にプロットし、気付いたこと・わかったこと・思ったことを話し合ってみよう（「図の武豊町長尾墓地における軍人・軍属戦没地」は実際にプロットした地図である）。
・もし戦争が一年早く終っていたら戦争による犠牲者はどのように変化したか、どうしてそうできなかったのか調べ考えてみよう。
・戦没時の年齢について、気付いたこと・わかったこと・思ったことを話し合ってみよう。

第3節　地域教材活用の留意点

あの戦争から70年以上経過し、「戦争体験者からの聞き取り調査」というこれまでよく実践されてきた授業も難しくなってきている。けれども、教員として語る授業には価値観やイデオロギーの相違、知識の偏向や多寡などのため客観性や公平性に欠ける、と言った問題性や限界性がある。他方、教科書には検定による全国一律という限界があり、それだけに依拠する授業は無味乾燥なものになりやすい。「第2節」では武豊町を取上げたが、知多半島だけ取上げても半田市を筆頭に戦跡や戦争被害は多くある。ゆえに、「あの戦争」をどう教えるかの現況を思うに付け、あらためて地域教材の活用の重要性を指摘しておきたい。ただ、地域教材活用は、「あの戦争」の全体像を見失い「木を見て森を見ず」となったり、かつての「はいまわる社会科」の再現にもなったりしかねない。アクティヴ・

ラーニングが叫ばれる昨今、社会科で「あの戦争」を教え「国際協調と国際平和の実現」に参画できる資質を育成するために、地域教材を活用し何を思考・判断・表現させるべきかなど、その教材開発・実践の課題や可能性は大きい。

おわりに

2014年6月、父および義父を相次いで亡くした。父は陸軍少尉として中国大陸で3年半の期間戦い、義父は志願兵として終戦間際まで四国で特攻船「震洋」にて訓練を積んでいた。父は全国中等学校優勝野球大会（現在の全国高等学校野球選手権大会）で主将として二度甲子園に出場した経験を持っていたが、召集で野球による青春時代を断念させられた。三男であった義父は、二人の兄を戦争で失いながらも志願兵として青春時代の一時期を戦争に捧げた。二人からよく戦争の話を聞いたものだが、体験談にはバイアスがあることを承知しつつも、国・故郷・親・兄弟・子どものために自己犠牲を払った事実だけは間違いないと思って聞いた。この自己犠牲については、戦争に巻き込まれた人々にとっての共通点であろう。よく「戦争には勝者も敗者もいない、犠牲者があるだけだ」と言われるが、まさしく正鵠を射た表現だと思われる。

オーストラリアでは、4月25日はアンザックデイ（ANZAC DAY）と呼ばれる祝日となっている。第一次世界大戦から朝鮮戦争や湾岸戦争などに至るまで、オーストラリアが関わった戦争で祖国のため自己犠牲を払った兵士たちに敬意を表する日である。この日には、主要な都市において戦争体験した兵士がパレードを行い、多くの民衆が沿道に詰めかけこの英雄たちに向かって拍手をしたり国旗を振ったりして褒め称える。日本でも戦争中は「兵隊さん有難う、戦死者は軍神」などと兵士や戦没者に対して敬意を表するこのような光景は見られたが、戦後では手のひらを返したごとく彼らをさげすみ、戦争関係者を褒め称えれば右翼などと誤解されかねない。そして現在では、南京虐殺や従軍慰安婦などを取上げながら、祖父らを戦争犯罪人として見る状況すらある。このオーストラリアと日本との対照に思いを致すとき、また無念の思いや自責の念を背負ったまま亡くなっていく戦争体験老人の人生を想起するとき、「あの戦争」をどう教えるかの持つ意味は限りなく深いように思える。ほとんどの兵士や戦争関係者は命や人生をも捧げた究極的な自己犠牲者であり、そのような人々を侵略者や戦争犯罪人とするような「あの戦争」についての教育は、国際常識に照らせばどこかおかしいのではないか。もちろん、これは戦争犯罪人として糾弾されるべき事例や個人に対して不問に付したり、戦争を賛美し子どもを再び戦場に送ったりする話ではない。国際法上やむをえない最後の外交手段として戦争が位置付けられており、国際連合憲章に軍事制裁の規定が存在している以上、残念ながら今後も戦争が再発する可能性はゼロとは言えない。ゆえに、戦争は悪であり再び起きるはずはないなどとして思考停止することなく、「あの戦争」をどう教えるかを真剣に教材研究しその実践に努めなければならない。そうすれば、戦争を単純な善悪や感情論で捉えずその本質から思考・判断することになり、むしろその蓄積がひいては「子どもを再び戦場に送らない」ことにつながると考える。国際社会は「平和を愛する諸国民の公正と信義に信頼してわれらの安全や生命を保持（日本国憲法前文）」できるほど甘くはなく、「戦争は悲惨であり平和が大切だ」という当たり前の綺麗ごとだけを教えることで戦争を回避はできない。中東情勢は相変わらず不安定であり、北朝鮮の暴走は先行き不明である。他方、国際平和の維持・強化に大きな責任を有する米国は自国第一主義に陥っており、中国はその責任に逆行する膨張主義を展開する。周辺諸国は、「慰安婦問題」「南京虐殺」など「あの戦争」のことを今さら意図的に国際問題化している。現代の国際情勢はこのように戦争の可能性を孕んでおり、ゆえに21世紀に生きる子どもたちに対して、深刻な国際問題を戦争などの武力によるのでなく平和的に解決する力を育成することが肝要となる。そのために、「あの戦争」について正しい知識・情報に裏付けされた創意工夫溢れる教育をすることが、今こそ求められているのではないだろうか。本書の購読を契機として、「あの戦争」を教えるための研究と実践を推し進めていただけたらと願っている。

本書は歴史や歴史教育に対して学術・専門性を追究するものではなく、教育現場で授業実践されている方への参考の一端となればとの思いで上梓したものである。そのような本書の性質上、先行研究やすべての参考文献などを逐次明示はしなかった。ここに、参考とさせていただいた研究者およびその業績に対し感謝を申し上げたい。また、これまで長年の研究生活を支えて下さった大学関係者や研究仲間の方々に心より感謝を申し上げたい。

（平成30年5月10日　名古屋女子大学研究室にて　宮原　悟）

著者紹介

宮原　悟（みやはらさとる）

1953年　愛知県に生まれる
名古屋大学経済学部卒業
愛知県立高等学校教諭などを経て、
現在、 名古屋女子大学文学部児童教育学科特任教授
（経済学、経済教育、社会科・公民科教育）
その間　日本グローバル教育学会常任理事
日本公民教育学会理事
経済教育学会理事
オーストラリアモナシュ大学客員研究員
オーストラリアモナシュ大学大学院日本研究科非常勤講師
早稲田大学経済教育総合研究所客員研究員
愛知教育大学非常勤講師
皇學館大学非常勤講師
各種教員研修会講師などを務める
主著　『経済の基礎知識—経済問題の考え方—』
中部日本教育文化会（単著　2000）
『経済社会を生きぬくためのガイドブック—経済問題の見方・考え方—』
中部日本教育文化会（単著　2009）
『改訂　教職をめざす人のために－教職40年の体験・経験から－』
中部日本教育文化会（単著　2012）
『グローバル社会入門』黎明書房（共著　1997）
『物価を見る目』経済企画庁物価局（共著　1998）
『21世紀地球市民の育成』黎明書房（共著　2002）
『グローバル時代の経済リテラシー』ミネルヴァ書房（共著　2005）
『新版　21世紀社会科への招待』学術図書出版（共編　2010）
『教員養成における経済教育の課題と展望』三恵社（共著　2012）
『入門　社会・地歴・公民科教育　確かな実践力を身に付ける』
梓出版社　（共著　2014）　他

社会科で「あの戦争」をどう教えるか
～アジアの戦争博物館比較から～

平成30年6月4日　初版発行
著　者　宮原　悟
発行者　恒川　順継
印　刷　中部日本印刷工業株式会社
発　行　㈱中部日本教育文化会
〒465－0088　名古屋市名東区名東本町177
TEL（052）782－2323
FAX（052）782－8172

落丁本・乱丁本はお取替えします。　ISBN 978－4－88521－920－7